法律运营
实战笔记
LEGAL
OPERATIONS
NOTES

Lawyer Case Source Development
Practical Notes

律师案源开发
实战笔记

古城　张晶　刘海燕　李燕　著

法律出版社
LAW PRESS·CHINA
—— 北京 ——

图书在版编目(CIP)数据

律师案源开发实战笔记 / 古城等著. -- 北京:法律出版社,2024
(法律运营实战笔记)
ISBN 978-7-5197-8461-4

Ⅰ.①律… Ⅱ.①古… Ⅲ.①律师业务-中国 Ⅳ.①D926.5

中国国家版本馆 CIP 数据核字(2023)第 206138 号

法律运营实战笔记	**律师案源开发实战笔记** **LÜSHI ANYUAN KAIFA SHIZHAN BIJI**	古 城 张 晶 刘海燕 李 燕 著	策划编辑 周 洁 林 蕊 责任编辑 周 洁 林 蕊 装帧设计 李 瞻

出版发行 法律出版社
编辑统筹 司法实务出版分社
责任校对 李景美
责任印制 胡晓雅
经　　销 新华书店

开本 880 毫米×1230 毫米 1/32
印张 7　**字数** 142 千
版本 2024 年 1 月第 1 版
印次 2024 年 1 月第 1 次印刷
印刷 永清县金鑫印刷有限公司

地址:北京市丰台区莲花池西里 7 号(100073)
网址:www.lawpress.com.cn
投稿邮箱:info@lawpress.com.cn
举报盗版邮箱:jbwq@lawpress.com.cn
销售电话:010-83938349
客服电话:010-83938350
咨询电话:010-63939796

书号:ISBN 978-7-5197-8461-4　**定价**:48.00 元
凡购买本社图书,如有印装错误,我社负责退换。电话:010-83938349

序　言

“在难创收的时代，更好地创收。”

这是疫情3年我经常说的一句话。实际上疫情有的时候只是一个借口，即便是没有疫情，中国律师行业走了40余年，也确实到了一个转折期，而这个转折期的表现之一就是“创收变得不那么容易了”。

这点应该是当下不少律师的共同感受，至于原因，有很多，比如律师人数的快速增加、替代性法律服务的冲击、公共法律服务的发展、网络技术消除了法律的知识壁垒以及经济增长趋于平缓带来的发展红利的消退。实际上，这些都是原因，但我们又很难说清楚到底具体是什么原因造成的创收不容易，当然也可以推到疫情身上，这是最简单的处理方式。

我们一直说对于不可控的因素我们尽量不去费心思，顺应就行。上面这些原因每一个都是宏观趋势，不论我们喜欢不喜欢，都已经实实在在地发生了，而且还会继续影响律师行业。分析难创收的原因也仅仅是让我们知道会有一些可能的因素改变律师行业。但原因不是重点，“想，都是问题；做，才是答案”，重点在于律师群体应对宏观趋势的态度和行动。

不过，说句实话，当下律师行业的状态并不是很理想，基本上处于“虽然创收有点艰难，但还过得去”的状态。

简单地说，律师行业还是处于一个发展期，虽然我们一直说行业出现了一些竞争，而且疫情、经济下行也影响了律师行业的发展，但从同向对比来看，相较于其他行业，律师行业还过得去。

比如说2022年上半年，部分律所还能保持20%的年度增长率，律师个人这边也没觉得到了真正需要改变的时候。虽然律师们也在抱怨案源不好开发、行业“二八现象”、客户要求提高，但总的来说，传统的作业模式“还过得去”。

由此带来的一个结果就是，律师对于行业的变革不是那么敏感。

虽然我们一直在苦口婆心地说，“外部环境已经发生了变化，律师需要改变传统的生存方式”，但说的多能落地的很少，原因很简单，就是“还过得去，不用太着急”。

就是在这种心态下，我们看到近年来真正能落地变革的无非就是三类律师：

第一类是有远见，想折腾的律师，尤其是律所主任。

实际上当前不少律所主任已经过了对财富的追求阶段，他们更多的追求是“做点事”，希望能保持律所的基业长青，也希望能在未来的行业竞争中有一定的优势。

在这种导向之下，想折腾的律师（律所主任）必然会有变革创新的动力。在这个动力的支持下，市场化案源开发、律所数字化转型、管理体制变革、法律品牌打造都会被提上日程，再加上这批律师本身有一定的话语权和资源，也给落地变革提供了条件。

第二类是一些新的律所或者新的团队。

由于在原有的律所体制之下很难有突破，不如转而联合志同道合的人员，一起开新所或者建立新的团队。在没有历史包袱的情况下引入新的运作模式。因此，我们看到当前不少新的律所刚刚开办就引入一体化的管理模式，一些团队也在起步之初就开始搞新的打法。

第三类比较特殊，就是一些传统的律所或者律师团队。

由于遇到了“瓶颈”，可能连续几年律所或团队在创收、服务、人员等方面没有太大的起色。这个时候律师“思变”的想法可能会产生，进而也会做出一些创新尝试，无非就是觉得原有的打法已经遇到天花板了，也许改变一些能突破，不妨试一试。

从我们和律师的接触来看，目前的情况无非就是上面三类，但这三类在当下行业中还只是少数，并不是主流。

一个行业的变革确实是由少数人推动起来的，但真正想演变为行业的发展趋势，必然需要多数人参与进来，才能成为行业发展的主流。

在这点上，我们的感觉是“整个律师行业还不是那么卷，其实还可以再卷一点”。

当然，说这个话可能会被骂，但说与不说，行业发展的规律就是如此。

任何一个行业的发展都必然会经历发展期—竞争期—瓶颈期—衰退期，其他行业比如家电、手机、服装等是如此，律师行业也必然遵循这个规律，这也是我们常说的“趋势”。

在这个趋势下，我们也一直在考虑“我们下一步能做什么”，案源开发无疑是一个很好的切入口。

这实际上也是这本书的主旨内容所在。我们说的是案源问题，但又不会囿于案源，而是以案源开发为切入点，进一步延伸到业务层面、客户层面、品牌层面、行业层面，从而借助案源“撬动”律师行业的变化，让大家在不容易创收的年代能够更好地创收。

不过，还是那句话，我们做的是实战笔记，更多的是基于我们的实战打法总结出来的经验，没有经历就没有发言权。我们希望这些经验有更强的普适性，但我们同时也知道这些经验不可能适用于每一个人，只要能给律师行业带来一点新的东西或者一点启发，其实就已经足够了，毕竟我们能做的很有限，能做出一点对律师行业有用的东西已经足以让自己觉得满意了！

目　录

1

第一章

案源开发基础认知

一、案源驱动飞轮

案源开发是一家律所、一个团队、一位律师的生存核心，谁掌握案源谁才有话语权。

实际上案源的作用远不止于带来话语权，可以说在一定程度上案源的开发方式决定了律师行业的作业方式。

以律师熟悉的作业方式为例，当前的律师大概可以分为两种，一种是专业律师，另一种是“万金油”律师。但实际上这两种作业方式的产生不是律师主动选择的结果，而是案源倒逼的结果。大部分律师认为专业律师好过“万金油”律师，专业化是一件好事，但最终真正实现专业化的律师数量有限，很大程度上就是担心专业化没有足够的案源支撑，会导致律师短期内收入的降低。

我之前辅导的一家规模律所召开年中会的时候就碰到了这个问题。这家规模律所一直希望在律所内部引导律师的专业化，也在年中会的时候把专业化列为会议的重要事项。在讨论律师要不要做专业化的时候大家几乎没有任何异议，都认为专业化是好事。

但到了具体措施的讨论环节，包括律所内部是否要推行“一专两辅”，要不要按照“一专两辅”的原则做案源的分配，专业以外的案源律所要不要做强制安排、不再交给专业律师承办，大家对于这些措施又普遍认为条件不成熟，不能太过激进，可以采用一些比较缓和的措施。比如“一专两辅”定的范围可以大一些，类似于商事业务、刑事业务、民事业务这些大类可以作为“一专两辅”的选择。

其实大家也可以看出来，律师虽然觉得专业化是好事，但真要落地专业化还是有一些顾虑的，担心专业化没有足够的案源做支撑，更担心专业化给自己打上某个专业标签后，非专业的业务客户是不是就不会找自己了。简单地概括就是案源焦虑导致专业化无法真正落地，专业化无法落地又导致律师品牌很难建立，律师品牌很难建立导致律所始终会局限在中低端业务上，始终局限于中低端业务又会引发新的案源焦虑。

这似乎成了律师的一个发展死循环，不解决案源问题就很难跳出这个死循环。

这还仅仅是专业化一个方面的问题，这两年律师行业开始了一些新的探索，比如引入技术工具优化律师业务效能。当然我不是说这些技术工具不好或者优化律师业务效能这件事不对，只不过这里有一个优先级的问题。当案源多得做不过来的时候，业务效能优化才更有价值，否则一年只做几单业务，业务效能优化的价值就没那么大了。这也是为什么法院、检察院技术工具一直走在律师行业前面的主要原因，实际上就是“案多人少”的困境所驱动的，当然法院、检察院内部的行政机制、财政支持也是技术工具落地的保障。

基于这点，我们发现相较于刚刚提到的律师发展死循环，律师行业还存在一个正向的“驱动飞轮”（见图1－1）。驱动飞轮这个概念源于亚马逊，核心作用是在资源、人员有限的情况下，帮助律师（律所/律师团队）找到一个切入点，单点切入进而带动其他环节的发展，最终带动整体发展。

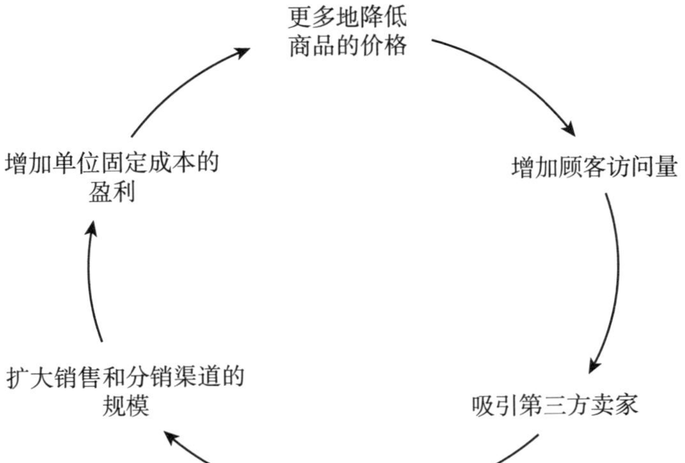

图1－1　亚马逊公司飞轮

比如亚马逊的驱动飞轮是“以更低的商品价格带来更多的顾客访问量，更多的访问量能带来更多的销售量，同时也带来更多的第三方卖家入驻亚马逊。这使亚马逊能够将自身的成本分摊给第三方，从而确保自身获得更高的收益。更高的收益则促成亚马逊进一步降低商品价格”（摘自《飞轮效应》①），如此循环往复，一步一步成就了今天的亚马逊。在发展早期，亚马逊更多地将精力放在“如何降低商品价格”，这是亚马逊找到的“发展切入点”。

这个逻辑对律师行业同样适用。就当前来说不论是个体律师、律师团队还是律师事务所，你会发现有各种各样的问题需要解决，有的时候真可以用“一地鸡毛”来形容。但越是这样越不能“头疼医头，脚疼医脚”，而是需要找到那个“触及一点，带动全盘”的“发展切入点”。

我们发现这个发展切入点就是案源开发，这也是案源开发战略层面的意义所在。

参考亚马逊的驱动飞轮，我们设计出“律师行业驱动飞轮”（见图1－2），即从案源获取切入，通过合适的方式获取更多更好的案源；有了更多更好的案源必然需要做业务消化，这个时候才会考虑业务优化的问题，提升业务品控，降低业务成本；而业务层面的优化进一步强化了客户对律师的认可度，从而形成一定的品牌影响力；有了品牌影响力，律所/律师团队才有机会做大规模，招募更多优秀律师加盟，并在优秀律师的加持下获取更多的案源。如此循环往复，一圈一圈，最终形成良性的发展循环。

---

① ［美］吉姆·柯林斯：《飞轮效应》，杨馥嘉译，中信出版集团股份有限公司2020年版。

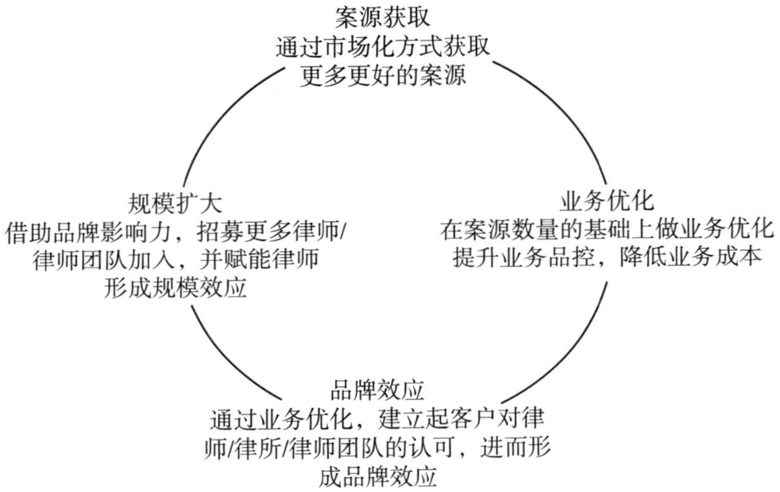

图 1－2　律师行业驱动飞轮

而在这个过程中，案源开发是一个起点，其他的问题比如业务优化、品牌打造可以不用太着急。在前期发展的时候集中更多的资源、人员优先解决案源问题，打造出适合自己的案源开发闭环，等案源问题解决了，在案源的驱动下，其他问题也会逐步得到解决，最终形成正向的发展闭环。

其实对于这点，整个律师行业应该有切身的感受，几乎可以说律师行业所有的变革都是在案源变革的驱动下发生的。当前律师行业的变化实际上也是案源变化驱动的结果，简单地说就是《明日世界法律人》中所描述的“事多钱少、执业泛化、信息技术”已经从预言变成了现实。尤其是近几年在疫情封控和经济下行的双重压力之下，客户对法律服务的“采购”发生了很大的变化，所以我们经常看到“砸价竞争，零元中标”等。律师行业发展到现在，已经进入了竞争状态，律师不再那么稀缺，前些年轻轻松松就能“躺赢”的时代已经一去不复返，案源开发从部分人的焦虑成为行业普遍的焦虑，甚至业内流传说“‘红圈所’都在降价以获取更多的案源和机会”。

二、案源底层逻辑

这几年我一直在做案源开发工作，先是在法律科技公司，然后加盟律所，冲到了案源开发工作的第一线，也做了一些事情。在这个过程中，常有同行过来交流，问到我们案源开发应该如何做?

但我发现和同行接触的时候，他们最喜欢问的一个问题是：案源开发如何落地?

在律师行业待了这么多年了，这句话的潜台词我一般也听得懂。律师其实是想问“你所谓的案源开发工作到底能不能带来案源，要多久才能带来案源，带来案源的质量如何，有没有一个直接的方案是我们可以直接拿过来用的?”。

对于这个问题，说实话，我一般只能说这是一个大问题，得先研究客户、研究业务，实际上我不能告诉他们这是一个没有标准答案的问题。

1. 案源开发首先得解决卖什么、卖给谁的问题

我一直赞同一句话，这句话实际上揭示了案源开发的本质——“帮助客户成功的同时顺便赚点律师费”。作为律师我们做案源开

发，更多的不是单纯地获取案源，而是在帮客户成功或者说帮客户解决问题。在这个基础上做延伸，首要的问题就是我们拿什么帮助客户成功或者解决问题？

之前的模式我们更多是在“卖人”，以律师本身作为案源开发的载体。这个时候的案源开发更多是围绕律师品牌做文章，比如我们熟悉的讲课、写书、做文章、搞活动，无一不是在打造律师的个人品牌，而后依托律师的个人品牌吸引客户在发生法律问题的时候主动过来找律师，并通过洽谈形成有效案源。这种模式在律师个体经营的情况下确实也是有效的。再进一步延伸，律师不断重复上面的流程，手头积攒了一些人脉和客户关系，仅靠这些人脉和客户关系以及衍生的推荐案源就能过得不错。

之前辅导一个律师团队的时候，我们也发现“卖人”的模式目前还是多数律师、律师团队案源开发的主要模式，其中主要依据在于律师或者律师团队上年度案源来源数据的分析，据此很容易得出结论：多数律师、律师团队的案源主要来自“熟人介绍”。

案源模式决定业务模式。多数律师、律师团队的案源主要来自“熟人介绍”，而熟人介绍过来的案源实际上很杂，各类案子都有，律师在初期的时候基于创收的考虑，很少会拒绝，基本上是来什么案子就做什么案子，慢慢就形成了我们所谓的“万金油”的状态。有一些资深的律师，做到一定程度之后，熟人介绍的案源比较丰富了，自然也会做出筛选，不过筛选的标准多是案件标的或者收费标准，仍然没有脱离“万金油”的状态，但是案件的客单价是有所提升了。

这是当下多数律师、律师团队的案源开发模式。

另外一种是“卖产品”的案源开发模式，主要为专业律所或者专业团队的案源开发模式。专业律所或者专业团队一般会有明确的目标客户，当然客户的“精细化”可能会有差别。比如我们辅导的成都锦瑟团队，起步之初就确定了婚姻家事的业务方向，这一业务方向我们做过客户分析，基本上 90% 以上是女性客户，所以我们在确定成都锦瑟团队目标客户的时候就直接确定为“女性客户”。进一步结合成都锦瑟团队的实际情况，细分为“高端女性客户”，包括但不限于女企业家、白领女性等。在目标客户确定之后，下一步就是研究“目标客户需要什么”。通过将案例数据、业务数据以及客户访谈相结合的分析，逐步提炼出婚家调解、婚家诉讼、婚家执行、女性法律服务四个板块的法律产品框架，而后围绕每一个板块设计不同场景的法律产品。比如，婚家调解板块就涉及“女性私人法律顾问”“婚家健康体检”等产品。在这些法律产品到位之后，围绕法律产品再去构建法律产品的推广机制，将具体的法律产品卖给目标客户，从而实现创收变现。

在这个过程中“卖什么”的载体就从律师转变为法律产品。

“庭立方”刑事律师平台就已经开始积极尝试作出转变，在四川卓安律师事务所 10 多年探索的基础上进行提炼，将刑事诉讼中的各个环节进行拆分，制作出了多个产品，例如“37 天黄金取保救援服务”“羁押必要性审查服务”“评估性阅卷专项服务”等；同时也跳出刑事诉讼限制，加大对于风险合规领域的产品研发，制作了例如“公职人员合规服务手册”“互联网行业合规专项服务”“合规教育法律服务手册”等产品。

这种转变在我们看来也是未来十年案源开发的必然趋势。

之所以说是必然趋势，首先是量级上的考虑。“卖人”的模式更多依托于熟人介绍，而熟人是需要靠时间和情感积淀的，所以我们才看到老律师更吃香，很重要的一个原因就是老律师经过了之前的时间和情感的积淀，而新律师没有足够的积淀。但问题在于律师个人的时间和精力有限，能维系的熟人数量也是有限的，自然也就很难做大，因此我们看到不少律所或者律师团队走传统的“卖人”的案源开发模式，很容易就碰到了天花板，连续多年的创收可能没有明显的变化。而“卖产品”的模式实际上做的不仅仅是熟人的生意，还在做数量更多的陌生人的生意，自然在量级上就比传统的模式优化了很多。一旦形成围绕法律产品的案源开发打法，其能带来的案源数量、客户规模以及创收空间就不是传统的模式所能相比的。

其次是对竞争的应对方式不同。我们做案源开发不是在真空的环境，并非只有我们一家在做不用考虑其他人。正如我们上面提到的，当前法律服务行业已经进入一个竞争状态，客户会找更多的律师货比三家，优质客户也有更多的律师在盯着。比如最典型的建工领域，建工领域的优质客户多是各个区域建设单位，而我们从建设单位法总反馈的信息来看，法总手里基本上不缺律师，而且这些律师和法总之间的关系都还不错。一旦有需要委托律师的项目，建设单位的法总基本上就是挑着合适的律师来做。而且随着律师人数越来越多，这种竞争的态势必然会愈加激烈。这个竞争背景下，仅仅靠熟人的“信任关系”显然已经不能满足客户的要求，需要从信任关系升级到价值关系，以帮助客户成功、为客户解决问题。

对比两种案源开发模式，“卖人”的案源开发模式，还是停留在熟人之间的信任关系上，有的甚至会过度依赖熟人关系而忽略了业务能力和服务质量的提升。这点也是我接触的不少律师团队已经出现的现象。在当下，这种模式还是有一定生存空间的，尤其是在一般诉讼、基础常法等对业务技能要求没有那么高的领域，熟人关系还是影响客户选择的重要因素。但同时这些领域，也是竞争比较激烈的领域，大家都有资源人脉的情况下，价格的比拼就成为必然，这也是这两年律师行业“砸价竞争”出现的主要原因。

而以法律产品为核心的案源开发模式本身就瞄准为客户提供价值的目标，是一种以客户为导向的案源开发模式。这种模式倒逼律师主动了解客户、挖掘客户需求，进而形成法律服务产品化的解决方案，通过帮助客户成功、解决客户问题获取创收回报。这种模式一方面是还没有多少律师真正地去做，我们称之为“法律产品的莽荒期”，相对来说在这个层面的竞争比较少；另一方面以法律产品为核心的案源开发模式以客户为导向，会围绕特定的客户做深度开发，做的是特定客户多方面、多层面的案源开发以及客户终身价值的发掘。正如我们给成都锦瑟团队做辅导的时候说过的“沉淀2000个精准的目标客户足够养活一个团队”，沉淀下来的客户资源就构成了最好的竞争壁垒。

综上所述，做案源开发，首先需要明确的问题就是“卖什么、卖给谁”的问题，上述两种不同的案源开发模式直接决定了后续案源开发的具体运作。

2. 案源开发实际上是一个漏斗模型

第二个需要明确的问题是"案源开发实际上是一个漏斗模型"。这个漏斗模型和我们经常听到的销售漏斗没有太大的差别，只不过环节设置上会有一些区别。

我们之前实践的线下端案源开发见附录6"线下案源开发（电销端）"，以"电销+活动"为核心，先做的是具体法律产品的研究，比如"企业工伤事故优化赔付"法律产品，第一批次考虑的目标客户是发生过工伤诉讼的企业，也只有这类企业对工伤事故的培训才会有更切身的感受。第一步是做客户数据筛选，通过裁判文书网采集发生过工伤诉讼的客户数据，并进一步筛选形成客户名册，进而做客户联系方式的检索；之后交付给电销人员，以"工伤优化专题活动"的名义邀请客户参加；而后就是专题活动的承办，通过专题活动初步建立客户对"企业工伤事故优化赔付"产品的认知；进而再跟进有效客户，跟进过程中结合客户的情况形成定制化的工伤事故赔付解决方案，从而完成"企业工伤事故优化赔付"产品销售签约工作；最后就是方案的落地部署，通过落地部署真正为客户解决问题。

在上述的流程中我们能明显感觉到各个环节就像一个漏斗，在这个过程中客户数量会不断减少。第一步筛选形成的客户名册，客户数量级基本上都在千位数，经过电话邀约之后剩下的是百位数的客户，再进一步能来现场参加活动的可能只剩下几十位客户，而几十位客户中值得跟进的也就十几位，最后能签约的多数就是个位数。

后来我们发现不仅仅线下案源端是如此，任何一种案源开发方式在任何场景之下基本上都会遵循漏斗模型。

不过这点也给了我们在案源开发上很大的启发：一是做案源开发基础量级得足够大，这样才能保证后面签单的案源数量。比如现阶段不少律师依托自身的人脉关系做案源开发效果不明显，很重要的一个原因就在于律师的人脉关系数量有限，这些数量有限的人脉关系所能转化的签单案源数量就更有限了。二是做案源开发要注意各个环节的转化率，先搭建案源开发的转化环节，而后着力于提升各个环节的转化率，这是具体案源开发的主要工作内容。其中最典型的就是线上案源的开发，一般都会经历线上内容投放、案件信息筛查、电话邀约上门、资深律师谈案、案件委托代理这么几个环节，每一个环节都会有一些客户的流失，而想要做好线上案源开发就必须着力提升各个环节的转化率，这样才能保证前期的投放取得预期的效果。尤其是当下线上投放成本越来越高的情况下，提升各个环节的转化率就成为线上案源开发的当务之急。图 1－3 为权为法律工作室业务流程。

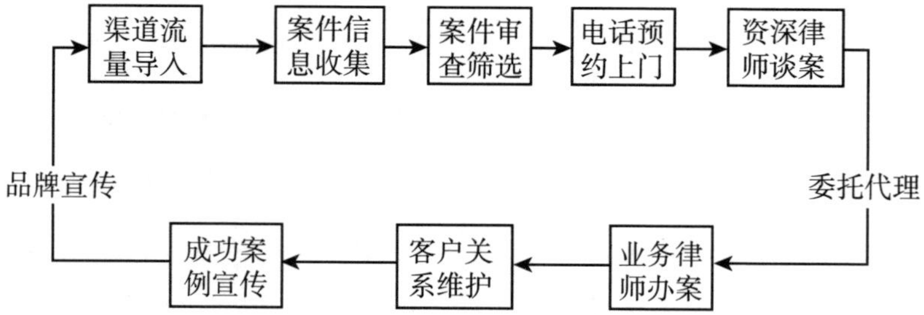

图 1－3　权为法律工作室业务流程

3. 形成案源开发长效机制，需要先做整体设计

了解了这些情况，我们再来看案源开发的具体工作。对于案源开发这件事，其实律师做上几年基本上就会有自己的打法，这也是现实环境导致，没有案源就没有收入，现实环境就要求律师去开发案源。但对于案源开发，实际上先得搭建好整体规划，然后才能更好地做案源开发，具体地说就是做案源开发要养鱼而不是钓鱼，需要形成案源开发长效机制。

律师群体是一个很特殊的群体，多年的提成制惯例让律师群体始终处于不安和焦虑的状态。没有业务，就没有创收，没有创收就没有收入，没有收入问题就多了。而且律所一般也不会说养着律师（当然授薪律师另当别论，授薪律师群体人数还不多），反而是律师以自己的业务创收支撑着律所。对于律师这个群体来说，“短平快”，可以直接带来案源或者收益的项目是最受欢迎的。

这种状态下，我打个比方，律师的案源开拓方式更像是“钓鱼”：找一个鱼多的地方下吊杆，而后就等着，鱼上钩了放到盆里，再下杆继续钓第二条、第三条。

之前的几年，鱼是蛮多的，钓的人不多，这样即便是匀下来，每个人也能钓到一些。当然钓多钓少就看你下杆的地方、准备的饵料以及钓鱼的技术了，有时候也看运气。

比如，有人是在资本市场下杆，钓到的多是并购、IPO 这类大鱼；有人是在道交、婚姻家事领域下杆，虽然鱼不大，但量有了，多钓几条也够生活了。

但问题在于，正如我们上面提到的，律师行业竞争越来越激烈，现在的鱼没增加多少，钓鱼的人增加了，甚至法律科技公司、法律营销公司、智能法律技术、四大会计机构、公共法律服务都来“钓鱼”，开始挤占律师商业法律服务的市场。

钓鱼的人多了，鱼被谁家钓到还真说不定了。

这个时候，有一些律师觉得原来钓鱼的方式不行了，能不能换一种方式，挖一个鱼塘，自己养鱼呢？

思路没有问题，这也是我们现在在做的事情，但关键在于挖一个鱼塘是需要时间的，挖好鱼塘把鱼吸引过来，然后投饵、换水、清淤，都有一个过程。不像钓鱼那样，钓上来就能吃现成的。养鱼得有一定的投资、得花一定的时间、得做好不少的事情，更重要的是这是一个有过程的事情，不是一个做了就能吃现成的事情。

但对于律师来说，这个过程不好，不如钓鱼来得直接。既然养鱼这么费事，那还是回去钓鱼吧！虽然钓鱼的人多了，但谁知道什么时候鱼才能被钓完，说不定等退休了，还能搬个小板凳再钓几条。

两种不同的案源开发模式，把律师分成了两拨：一拨还在钓鱼，坐等客户上门；一拨开始养鱼，直接跑向市场，做主动营销。

当然，哪个好哪个不好，短期内也看不出来，也许 5 年、10 年之后，养鱼的话会有一个大渔场，不用再到处换地方钓鱼了。

4. 案源开发依赖于团队运作，需要搭建综合性团队

第四点是人的问题，做好案源开发，一个人很难，得有一个团队。

正如上面提到的，在钓鱼的时候，我们有个杆子（业务能力），一个人就能钓鱼。但到了养鱼的时候，一个人就有点吃力了，因为这就不是一个人能干成的事情。

要养鱼，首先要考虑客户群，养什么鱼合适。

其次，得做品牌，让别人知道这里要养什么鱼、提供什么服务、能给鱼带来什么价值。这是一系列品牌定位、视觉设计、品牌推广的工作。

再次，结合品牌定位设计市场案源获取方案，也就是所谓的市场策略的问题，确定合适的市场开发方法，或线上，或线下，或地推，或会销，或讲课，或出书，或广告，又或者考虑和目标客户群相同的第三方对接，和第三方一起向目标客户提供一体化服务，借第三方实现案源获取。当然这些工作得有人去做，律师自己也可以参与进来，不过律师最擅长的是法律，做市场有点考验律师的学习能力了。

复次，案源获取之后的承接就得发挥律师的专长了，更重要的是承接之后，一方面要能管控好成本，降低律师在单项业务上投入的时间，另一方面还得提升客户满意度，让客户愿意为我们做口碑宣传。这是一个“既要马儿跑又要马儿不吃草”的活，有个团队一起做的话相对容易实现。

最后，是客户的维护工作。对于律师来说，最重要的就是有一批认可自己的客户，而且这批客户不会轻易被同行或者替代律师的机构挖走。但我们也知道，这个市场上不止我们一家，而且如上面所说，还有众多替代性法律服务机构正在虎视眈眈。想要留住客户，不是给客户服务完了就结束，而是要做好客户的跟进和维护工作，不断向客户提供价值。哪怕用最简单的方式，逢年过节向客户说一声问候，也是一种客户跟进维护方式。

综上所述，这些工作都交给一个律师来做，想想都有点累，所以我们的建议还是组建团队来做，毕竟各有分工、各有所长，由一个综合性的团队来做，成功的概率会更高一点。

5. 没有最好的案源开发方法，只有最合适的案源实战打法

最后一点是案源开发的实战打法。和律师交流的时候，我们会发现律师是一个非常爱学习的群体。有在案源开发方面做得好的律所，比如元甲、家理、恒都，律师都会积极地向这些律所靠拢，去学习他们的先进经验，并把这些模式引进来，作为自己案源开发的参考。

但我想说的是律师学习开发市场，需要学的不是模式，而是案源开发的底层逻辑。

做个简单的假设：元甲所主打交通事故，家理所主打婚姻家事。如果这两家律所的人员做个调换，元甲的团队入驻家理，家理的团队运作元甲，采用的是之前熟悉的并经过市场验证的打法，结果会如何呢?

我个人猜测估计会是一场灾难。

元甲的打法，核心是地推、业务流程化、业务品牌化，之所以会走这样的道路是其目标客户群、市场容量、团队管理能力、律所负责人的眼光和见识决定的，同时我个人猜测也是在不断踩坑的过

程中一步一步踩出来的。

家理的打法，从公开的资料看，线上营销 + 电话咨询服务占了很大的比重，而且家理的团队也是一个综合性的团队，再加上婚姻家事市场的体量逐年增加，这些综合因素成就了家理。

但我们律师群体有的时候往往看到的是自己想看到的东西。

看到元甲成功了，就觉得地推模式是有用的；看到家理的成就，就觉得做线上营销、买百度关键词、做 SEO 是可以带来案源的。

问题在于，这些很容易被看到的市场因素仅仅是一个环节，而不是全部；只是一个重要的要素，而不是整个系统。

即便你也是做婚姻家事，也模仿家理做线上营销、电话咨询，但家理关于客户的理解，在客户体验上下的功夫，在业务知识上的梳理，内部团队的配合，技术工具的引入，这些背后的东西，你真的能模仿过来吗？

学习这些案源做得好的律所，绝不仅仅是学习他们的案源开发方法，因为这些案源开发方法对他们有效，对你未必有效，而是要学习如何洞察客户需求、如何结合客户需求设计法律服务产品和流程、如何形成差异化报价、如何提升业务效能、如何降低业务成本这些底层的逻辑。

案源开发方法无法模仿，但底层逻辑是相通的。

2

第二章

案源开发五大驱动

在案源开发基础认知的基础上，我们再来评估下当下律师行业常见的五种案源开发模式。

一、资源驱动案源

第一种案源开发模式是依靠资源驱动的。简单地说就是手头有一些资源，这些资源可以转化为有效案源，足以满足律师（团队）的发展。比如在律师发展早期，多是依托资源促进发展，这个时候亲朋关系、老乡关系、同学关系、朋友关系就显得尤为重要，甚至在一定程度上决定了律师后期的发展。

比如，我之前辅导的一个团队的负责人是重庆人，他从重庆来到西安执业，第一年接触的业务多数是重庆老乡介绍的案源。而当时重庆人在西安的市场集中在建筑劳务行业，相应地给他介绍过来的案件很大比例是劳务工程款案件。同时，也有很大的运气成分，当时是建筑劳务市场的鼎盛时期，大量的劳务工程款案件爆发式发生。自然，这位律师早期执业的时候就以劳务工程款案件作为自己的主营业务，同时也因为在这方面业务做得足够多，相对应的专业度也好过其他律师，能够更好地帮助劳务公司拿到劳务工程款，得到了老乡以及其他客户的认可，逐步突破老乡的圈子，在建筑劳务行业积攒了自己的第一批客户。

在这个阶段案源开发相对来说也比较简单，就两件事：维护好客户关系，业务做得不要太差。

客户关系本身就有一些“关系”做支撑，维护起来更多是在情感层面，俗一点的是一起吃饭喝茶、打牌搓麻，好一点的就搞搞活动、做做联谊、安排一些培训，再高端一点的会结合建筑劳务行业的情况发布一些文章、视频或者白皮书等内容，建立自己在建筑劳务行业法律专家的地位。

通过上面的方式把案源吸引过来，但这才是开始，紧跟着还有业务优化的问题，要能通过业务真正解决自己客户的问题，这样才能赢得客户的认可。这个时候对业务能力的提升就尤为关键了，一方面是在实战中学，这实际上也是早期律师提升业务能力最有效的方式；另一方面就是交流学习，主要是在和同行、法官、客户交流中提升自己的业务能力。毕竟律师行业之前是没有什么培训体系的，尤其对个体律师不太友好，个体律师提升自己的业务能力只能靠自己。

这就是律师尤其是个体律师早期案源开发的主要方式，虽然是个例，但很具有代表性。即便是到今天，资源驱动的案源依然是不少律师案源的主要来源。

资源驱动的案源开发有一定的优势，主要是没什么复杂的技巧，几乎每个律师不需要经过什么训练就能用起来。但也有一定的弊端，比如对律师“先天条件”要求比较高。律师或者其所处的家族本身就有一定的资源积淀，对于其早期执业会有很大的帮助。即便是没有先天的资源，自己积淀的同学、同事关系也会有很大的帮助。比如当前有不少从公检法以及记者群体转型做律师的，依托之前形成的关系也能很快形成自己的有效案源。但对于真的一穷二白的律师来说，资源驱动的案源开发会苦于没有足够的资源。第二个弊端在于资源驱动案源做的差不多都是熟人或者准熟人的生意，和熟人做生意往往会因为太熟而出现一些问题，比如我之前接触的一家国企发生的真实故事。这家国企之前聘用过一位律师做法律顾问，是通过关系介绍进来的，但一年之后国企重新聘用了一位律师作为其法律顾问，很重要的一个原因就是不少业务第一位律师做得并不让人满意。后续的结果大家也应该能想到，虽然没有对第一位律师解聘，但基本上也将其边缘化了，国企重大的、有价值的法律项目很少交给第一位律师做。资源驱动案源起于资源，但不能依赖资源，资源只能帮律师进门，但无法保证律师服务好客户，最终能留住客户的一定是专业能力，毕竟法律服务看的还是结果。第三个弊端在于客户量级。我在线下做案源培训的时候经常会问律师一个问题“你认识的人多还是不认识你的人多?”，答案其实显而易见，我们认识的熟人数量很有限，不认识我们的陌生人占了绝大多数。做熟人的生意其实很难做起，毕竟律师能维系的熟人就那么多。按照英国人类学家邓巴的研究，一个人一生能维系的熟人数量不会超过 150 人。

按照漏斗模型，这150人中又有多少人会发生法律纠纷，这些发生法律纠纷的熟人中又有多少人会第一时间选择你，最终形成的有效案源数量必然有限。这是当下不少律师案源数量始终无法突破的主要原因，也是资源驱动案源最大的弊端。

二、品牌驱动案源

由于注意到上述的弊端，不少律师开始在品牌上下功夫，希望借助品牌驱动案源开发。

按照《专业服务公司的管理》这本书中提到的，品牌驱动案源是通过“广而告之”的方式完成。“广而告之”包括所有能引起潜在客户注意和兴趣、挖掘新业务机会的活动。从这个定义来看，“广而告之”的活动包括组织座谈会、发表文章、发布简讯、召开讲座等。这些活动的共同之处是：目标群体不是某个人或某个特定公司，而是多个人或多个公司。律师借此向目标市场传播讯息，希望由此与潜在客户建立联系，吸引客户前来咨询相关服务，甚至是获得向潜在客户提供服务建议书的机会。①

比如，在天同律师事务所发展的过程中，其向各大商业银行法务部门邮递金融诉讼分析报告的方式就是一种典型的品牌驱动案源

① 参见［美］大卫·梅斯特：《专业服务公司的管理》，吴卫军、郭蓉译，机械工业出版社2018年版。

的方式，核心要点有三个：

一是做的客户多为陌生客户而非自己的熟人客户，需要从零到一建立起与客户之间的信任关系。这种信任关系的搭建必然需要经过接触、互动、认知、熟悉的过程，这是一个长期的案源开发过程，短时间内不一定能立马变现。

二是需要先定品牌，明确自己的目标客户是谁、目标客户想要什么、律师能给目标客户提供什么价值。这些问题都搞清楚了，通过品牌驱动案源才能落地，否则的话，盲目地通过一些投放甚至一些广告开发客户，既不能建立客户对律师品牌的认知，也很难转化为有效的案源。这就像当下一些律所在品牌打造“点亮灯塔、元宇宙律所”等，虽然花了不少钱，但没有传达出明确的品牌价值，更难转化出有效的案源。正如《咨询的奥秘》一书中提到的“专业服务公司在开发潜在客户时，目标不能太多、太散，这样在每个客户身上投入的时间和精力都相当有限，而是应该精心挑选出优质的目标客户，然后进行重点开发”，品牌驱动案源首先要确定目标客户群。

三是需要围绕品牌形成一系列运营活动，并进而建立起客户转化的案源闭环。这点对于品牌驱动案源尤为重要。当下律师行业有一个很大误区就是将品牌和案源人为地区分开来，或者用我们的话来说就是没能实现“品案合一”。比如做了一场大型的法律论坛活动，前期的费用基本上都是律师（律所）负担，线上线下参加的人员也不少，品牌宣传的目标算是达到了。但活动之后对客户的跟进不够甚至有些活动根本就没有安排对客户的进一步跟进，导致活动仅限于品牌宣传，而不能带来有效的案源变现，看着挺热闹，但实际效果很有效。

这两年随着网络技术的发展，也为律师打造品牌提供了一些便利条件，比如借助一些流量平台的加持可以在短时间内打造出律师的个人品牌。正如我们看到的之前几年借助微博、知乎、微信公众号平台，有一批律师成为受益者。再到近几年，短视频成为主流的内容载体，借助抖音、快手、B 站、视频号、小红书等，一些律师也迅速打响了自己的品牌知名度。

但还是上面提到的，品牌并不直接等于案源。单纯的品牌工作重点在于“精准获取目标客户”，将目标客户获取之后还需要经过接触、互动、认知、熟悉的过程，从而建立起与客户之间的信任关系，再基于信任关系变现为有效案源。所以说品牌的背后一定需要搭配客户转化的案源闭环，才能真正实现“品案合一”。

四川卓安律师事务所在品牌建设和案源转化方面具有一定的话语权。卓安是一家专注于刑事案件的律所，法律服务是低频的，刑事案件更是低频中的低频。基于刑事案件很难有回头客、成交率低、几乎没有复购率的特殊性，卓安更加注重于通过线上线下相结合的品牌建设，以及设立专业运营团队对客户精细化运营管理，二者相结合之后既能够开拓案源，又能够提高成交质量，还能够通过客户对品牌美誉的口口相传带来新案源实现裂变转化，让品牌建设和案源转化的理念得到了真正的实践。

应该说品牌驱动案源会成为律师行业案源开发的主要方式，这也是这两年律师注重品牌工作的主要原因。但这种案源开发方式也不是完美无缺，也存在案源变现周期长的弊端。比如说做短视频，不少律师做短视频就是冲着案源变现，但做了一段时间发现案源开发效果不明显，就陆续放弃了，回头还会抱怨说“短视频做不了案源开发”。正如我之前接触的一位婚家律师，抖音的粉丝已经做到100余万了，所能带来的案源数量还在个位数。这不是说短视频不行，而是这位律师太着急了，一方面其没有真正将短视频做出影响力，所能引流来的精准客户很有限，自然案源的转化率就不会太高；另一方面有的律师真的就是只做短视频，没有搭建好后面的客户跟进和转化机制，即便有大的流量也很难转化出有效案源。所以品牌驱动案源一定是一个需要系统地做、长期地做，才能做出案源效果的工作。

三、营销驱动案源

正如上面提到的品牌驱动案源是一种长效机制，需要系统地做、长期地做才能做出效果。但问题在于律师群体是一个特殊的群体，对于案源开发真的是不能不着急。原因也很简单，在当下提成制为主的律所体制下，律师基本上是自谋生存，没人给律师发工资、缴社保，律师只能靠自己挣取每个月的生活费，这就导致律师群体更喜欢“短平快”的案源开发方式，相对来说品牌驱动案源的方式周期确实有点长了。虽然大家也都认可，但要持续投入时间、精力，尤其是要制作大量的内容做品牌案源，这在不少律师看来是“心向往而力不足”的事情，毕竟律师大量的时间不是用在服务客户就是用在服务客户的路上，很难匀出足够的时间做品牌案源的开发。

在这种情况下，我们建议做案源开发可以遵循“长线短线相结合”的方式。长线还是坚持品牌驱动案源，短线可以考虑引入营销驱动案源。

营销驱动案源的方式也有很多，下面将选择几个行业中认知度比较高的成功案例做个说明。

第一种营销驱动案源的方式是做线上投放，包括早期的百度投放、华律网投放，再到现在微信朋友圈广告投放，今日头条、美团、闲鱼等 App 投放，这种投放更多是采用付费的方式将线上法律咨询（案源线索）引流过来，引流过来之后有专门的人员做案源线索筛选，筛选之后有相应的电话咨询人员承接，由电话咨询人员邀约上门谈案，之后由专业人员负责谈案签约，签约之后律师再做业务承办，业务结束之后再由客服人员做客户的回访和跟进。在当前以婚姻家事、拆迁业务、交通事故、劳动维权等民生类法律服务专业律所最为典型，比如北京家理所、北京京运所主打的就是线上投放的案源开发方式。

线上投放的案源开发方式有利有弊，对个体律师来说进入的门槛还是挺高的。首先，线上投放一定需要前期费用投入，尤其是当下各个投放渠道的费用越来越高，可以考虑先做小额投入进行测试，测算出投入—产出比，而后再筛选更高性价比的投放渠道追加投放；其次，要做好案源线索的筛选工作，线上过来的案源质量并非我们想象的那么好，有很多是在“蹭咨询”，并不具有案源转化的可能，需要提前设置筛选环节；最后，线上的投放带来的仅仅是案源线索，将案源线索转化为有效案源还有赖于后面的转化机制。如果没有形成有效的转化机制，不建议贸然投入费用作线上投放，否则大量的案源线索即便引流过来了，也很难转化为有效案源。还有一点需要注意，不是所有的业务都适合线上投放，一般多以民生类业务为主，且多为团队化方式运作，并且还要具备批量消化案源的能力。相对来说想要做好线上投放也不是一件容易事。

第二种营销驱动案源的方式是做案源推荐渠道合作，主要是对接一些有影响的第三方机构或者个人，可以做交叉业务推荐，通过第三方的推荐形成有效案源。比如，有的律所本身没有营销团队或者营销人员，会对接第三方的法律服务公司或者法律科技公司直接推荐案源过来，自己只负责谈案签约以及业务承办的环节，有的甚至谈案签约工作都是由第三方完成的，自己只负责业务承办。当然这个过程也涉及案源推荐费用。

这种案源开发方式其实一直都存在，包括现在社会上也有大量被称为“法律掮客”的人群，虽然在政策法规层面包括律协监管层面会有一些障碍，但在一定程度上助推了传统律师（律所）案源的开发。

第三种营销驱动案源的方式是组建案源团队，通过电销、会销、地推等多种方式开发案源。目前来说，也有一些律所、律师团队会采用这种案源开发方式，不过效果差别很大，其中比较成功的是通过组建案源团队的方式开发常年法律顾问业务，比如安理南京所、江苏知到所等。

当下也有不少律师团队或者律所准备组建自己的案源开发团队，但能做出效果的还是少数。一方面在于案源开发本身对专业度有一定的要求，能做好案源开发的营销人员不是太多，另一方面在于案源开发团队与业务团队之间的衔接机制需要搭建好，否则容易出现对客户的过度承诺、案源不加筛选、客户投诉多等方面的问题。当然还有一部分原因是费用的问题，毕竟养活一个案源开发团队也需要不少的费用，对不少律师（团队）来说也是有压力的。

四、产品驱动案源

产品驱动案源是这两年的一种新型的案源开发方法。

这两年“法律产品”似乎成为行业的热词，律协、规模律所的法律产品大赛搞得如火如荼。不过从我们的观察来看，目前律师更多是将法律产品作为一个品宣的物料或者谈案的道具，没能真正将法律产品作为增加创收的手段。而实际上法律产品最重要的目标就在于增加创收。

正如我们对法律产品的定义，“法律产品是可复制的成功项目”，可复制的特性就体现在案源开发环节，简单地说产品驱动案源就是将同一款法律产品卖给同类型的多个客户，然后结合客户的情况做一些优化调整，为客户部署落地法律产品，变现创收回报。围绕这一逻辑，我们总结出一个公式：法律产品创收 = 触达人次 × 跟进率 × 成案率。

这个公式其实也是一个“销售漏斗”，先将法律产品做投放，让目标客户了解、认识这款产品；而后选择条件合适的目标客户跟进，通过一系列的跟进工作获得谈案机会；再借助谈案实现签单，签单之后为客户部署法律产品。

具体操作中，我们首先要做的工作是对“目标客户画像”的梳理，这是在品牌定位环节已经在做的工作，到市场推广这个环节需要进一步延伸，在客户画像的基础上梳理“目标客户名册”，简单地说就是把我们所能触及的区域内的目标客户都梳理出来，作为法律产品市场推广的决策依据。

下一步是做法律产品价值提炼，换句话就是梳理法律产品卖点，并在卖点梳理的基础上形成“法律产品宣讲课程”，以此作为我们向客户推荐法律产品的道具。

这一步实际上在法律产品设计环节也会涉及，重点在于发掘律师和客户的匹配关系，既要了解客户的需求点、选择倾向是什么，也需要熟悉我们自身，知道我们和其他律师之间的差异是什么，扬长避短，发挥我们的优势，并通过好的文案表现出来。

比如我们辅导常法团队设计的“企业工伤事故优化赔付”产品，最终提炼出来的卖点用一句话概括就是“实现企业工伤零赔付、零烦恼”。

当然我们和客户具体沟通法律产品的时候不能搞得那么直接，一般是将法律产品卖点包装在法律课程中，换句话就是在法律课程中植入法律产品，以培训的方式对接客户。这样一方面可以缓解客户的抵触心理，通过课程告诉客户我们是来帮你解决问题而不是卖产品的，另一方面也通过课程让客户对法律产品有更清晰的认知，更易于接受、购买法律产品。

还是以“企业工伤事故优化赔付”这款产品为例，在推广这款产品的时候我们更多是通过讲课的方式完成的，提前设计了和法律产品相配套的课程“6 个阶段，做好企业工伤事故处理”，在课程中就将法律产品植入，而后不断对接渠道、对接客户，向客户安排课程分享，课程结束之后再进一步跟进客户，最终实现这款法律产品的签单成交，让法律产品真正带来案源创收。

在这个过程中，法律产品就成为案源开发的载体，以往的案源开发我们更注重的是建立客户和律师之间的信任关系，这是一种“人与人”之间的关系。而法律产品驱动案源的模式下，建立的是客户对法律产品的认可关系，让客户意识到法律产品能解决自己的问题，使其愿意为法律产品付费，并以法律产品为载体由业务律师具体参与部署落地，解决客户问题。

五、客户驱动案源

最后一种是客户驱动案源，换句话说要将案源开发放在重点客户身上，开发重点客户的终身价值，这是客户驱动案源的核心所在。

实际上我们以往的法律服务有不少属于“一锤子买卖”，典型的民商、刑事、婚家、仲裁等诉讼或者准诉讼法律服务，业务完成之后律师一般很少再主动跟进客户。比如我之前辅导的一家规模律所，对外宣传律所积淀了千余家的企业客户，但这些客户中有很大一部分属于“死客户”，也就是说客户服务结束之后基本上没有跟进，更谈不上客户信息的更新，间隔的时间长了，基本上和客户因为业务形成的信任关系也消散得差不多了。这种律所看着客户数量挺多的，但始终处于开发新客户的过程中，对于之前积淀下的老客户没有足够的关注。

客户驱动案源的重点就在于打破这种“一锤子买卖”，持续跟进客户，建立和客户之间的长期关系，不断挖掘客户身上的法律需求。尤其是在当前律师行业竞争激烈的情况下，客户驱动案源显得尤为重要。

当然要实现客户驱动案源，首先要做的是收集客户信息，只有了解了客户才能洞察客户需求，进而给客户提供相应的法律产品或者解决方案。这点在后面的案源开发流程中会有具体的说明。其次，还需要优化自身的业务体系。比如婚家业务，传统的婚家业务是典型的一锤子买卖，婚家诉讼之后和客户就很少联系了。而我们在辅导成都锦瑟团队的时候就基于客户驱动案源的考虑，对婚家业务板块做了一些优化，按照女性客户的生命周期，引入了婚家调解、婚家诉讼、婚家执行、女性法律服务四个产品板块的设计，贯穿于女性客户法律服务的始终。一方面突破了婚家诉讼创收来源单一的问题，另一方面也通过这些板块增加了客户黏性，更有利于做好老客户的案源推荐，形成“老带新”的案源开发体系。最后还需要平衡专业度和客户需求多元化之间的关系。客户驱动案源的模式下，客户需求必然是多元化的，可能涉及方方面面的法律服务，而这些法律服务有的是对接律师擅长的，有些是不擅长的，尤其是当下律师追求专业化的情况下，不可能方方面面都能满足客户。这个时候就需要做个平衡：一是靠综合性的团队，发挥团队合力的作用满足客户多元化的法律需求；二是靠合作，与其他律师、法律机构建立交叉业务合作，共同做好客户服务。当然这方面的客户归属、分配机制要提前做好，否则也容易发生“撬客户”“服务品控没做好”的问题。

和前面几种案源开发方式相比，客户驱动案源更多瞄准老客户，这实际上是比开发新客户更容易见效果的一种案源开发方式。

不过就当前来看，似乎律师更喜欢开发新客户。新客户的项目通常具有清晰的特征，有相对明确的工作任务，设有具体的期限，而维护与老客户的关系通常没有具体的期限，没有明显的结构，工作任务也更模糊①。但反过来，做好了老客户的跟进和维护工作，一方面我们更容易借助和老客户之间的信任关系达成更多业务合作，相比新客户的开发难度降低不少；另一方面，因为对老客户有足够的了解，对老客户的服务项目更容易做成标准化、流程化的模式。比如对老客户的合同审查完全可以提前梳理老客户常用的合同文件，而后提炼其中的法律风险点，形成《客户常用合同风险审查清单》。安排合同审查的时候就可以让初级律师上手，而不用占用资深律师的时间，客户服务的成本就能很好地控制，服务老客户的

① 参见［美］大卫·梅斯特：《专业服务公司的管理》，吴卫军、郭蓉译，机械工业出版社2018年版。

利润相对也会高一点。

再从竞争的维度来考虑，国内经济增速放缓，行业竞争激烈，现在的客户你多抓一个，别的律师就少一个。如果能抓住更多的客户并把这些客户维护好，仅仅靠老客户的资源就已经在行业竞争中占据了优势，更不用说深度发掘老客户带来的持续不断的创收增加。

这五种案源驱动方式构成了律师行业案源开发的全景图，当然针对不同的客户群、不同的业务类型、不同的团队资源，侧重点会有很大的不同，这就需要在整体上做好案源开发的规划，并以此确定案源开发的具体打法。

3

第三章

案源开发整体规划

一、案源偶发误区

案源开发这件事如果单独地看可能没那么复杂，尤其是对于依托于资源人脉的律师来说，基本上不需要做什么整体规划。实际上在这种案源开发方式之下也很难做整体规划，其中最大的一个障碍就是“案源的偶发性”。

如果案源真的是偶发的，我们想做整体规划也做不到。正如不少律师所感慨的“这个案子做完了不知道下一个案子在哪里”，这似乎成为律师行业一个共同的认知。但从我们的实战体验来看，“案源的偶发性”可能是一种错误的认知。

诚然，对某个具体的个人或者企业来说，案件的发生尤其是诉讼的发生绝对是偶然的，谁也不知道什么时候会发生诉讼案件。这点应该是不少律师认为案源偶发的主要原因。

但我们不妨将视角再扩大一下，从一家法院、一个区域、一类行业的维度去做评估，看看案源是否真的是偶发的。

举个简单的例子，我们之前做钢贸案源开发的时候做过测算：

在陕西省这个区域范围内，钢贸案件数量在疫情之前呈现出逐渐增加的趋势，换句话说，在陕西省区域内钢贸案件的发生并非偶发的而是必然的，且每年的案件数量逐渐增加。虽然某个具体的钢贸商发生钢贸诉讼不可预测，但陕西省内的钢贸案件数量是确定增加的，下一步案源开发的目标在于如何才能将这些案件聚集到自己手里。

围绕这个目标我们在设计的时候采用了“引流产品 + 利润产品”的设计体系。

首先还是测算，陕西省的钢贸商经过我们统计，基本上正常营业的为 3000 余家，而这 3000 余家中如果我们能拿下 20%（600 家），按照钢贸行业每年 10% 的诉讼概率，会引发 60 件钢贸案件，而每件钢贸案件的平均创收在 6 万余元。如果能实现这个目标就能保证钢贸团队一年 360 万元左右的基本创收。依据这个测算，案源开发的关键点在于能否拿下 20%（600 家）钢贸商。

我们实战的做法是设计了一款“钢贸 365 全年会员服务”的引流产品，通过有竞争力的价格将钢贸商发展为我们的会员，并进一步通过会员服务中的“钢贸合同审查、钢贸货款核算、律师函催款”等服务建立与钢贸会员之间的深度联系。这样一旦钢贸商发生诉讼纠纷，第一时间想到的就是我们的钢贸团队，我们再通过钢贸诉讼案件获得创收变现。

这是我们当时辅导钢贸团队设计的案源开发整体规划。现在回想起来，核心要点有两个：一是没有将案源作为偶发的因素，而是在陕西省区域的宏观视角下看待案源的发生，并进一步结合历史数据，测算出案源开发的公式，以此作为案源开发整体规划的设计依据；二是引入了以法律产品为核心的案源开发做法，先通过引流产品聚集钢贸商，而后再通过利润产品实现创收变现。

当然这仅仅是钢贸领域的一次尝试，并不意味着这种做法在其他领域一定能通用。不过有一点可以确定的是，如果不是局限于某个个人或者企业而是从宏观上看的话，案源一定不是偶发的，这也是后面我们做案源开发整体规划的基础。

二、案源规划实战

为了辅助律师（团队）做案源开发规划，我们结合实战制作了一份律师（团队）案源开发规划表（参见案源开发常用工具2），通过这种结构化表单的方式更好地辅助律师（团队）做好案源开发规划。

做案源开发规划的第一步是“翻旧账”，简单地说就是分析研究律师（团队）上年度的案源开发数据。首先分析的是上年度律师（团队）的创收来源。一般来说，当下律师行业的案源来源可以分为四个板块十大类型，包括：律所公共案源（前台接待案源、值班咨询案源、所内推荐案源），关系推荐案源（熟人推荐案源、同行推荐案源），外部市场案源（线上开发案源、线下开发案源），内部市场案源（律师转介案源、团队合作案源、跨所合作案源）。

这种案源来源区分虽然有一定程度的重合，但毕竟通过区分能显示出侧重点，进而为后续的案源开发规划提供一些决策依据。

我们接触过的绝大多数律师（团队）的案源更多来自关系推荐，有的团队关系推荐案源的比重可以达到70%左右。这点也不难理解，毕竟当前多数律师（团队）的案源更多的还是倚重人脉关系。

不过也有个别的团队，比如婚家、劳动、执行、刑事、高端商事诉讼等业务板块的团队，案源更多来自所内推荐和内部市场。这几类业务要么是律师不愿意做，比如婚家、劳动、执行业务，要么就是律师轻易没办法自己做，比如刑事、高端商事诉讼等。也只有这些专业团队才会更多地关注对同行的案源开发，形成以所内推荐案源和内部市场案源为主导的案源来源结构。

律所公共案源也是这两年各家律所尤其是规模律所重点开发的一个板块。但从我们接触的律师（团队）来看，他们对于律所公共案源并不会过多倚重，这可能和多数律所还是传统的提成制律师事务所有很大关系。除非是一体化律所，否则的话律所层面是没有足够的动力和资源去做公共案源开发的。公共案源数量有限，而且在提成制律所中公共案源的分配也是个很难解决的问题，这些原因导致律师（团队）对公共案源并没有更多关注，大多是抱着“有就有，没有就没有”的态度，自然律所公共案源在案源来源中占比也不会太高。对四川卓安律师事务所团队进行分析可以发现，他们就是在私域案源占到70%的情况下，又用线上的方式如短视频、直播还有各类线上渠道进行引流，目前公共案源又占到了很高的比例。他们也是通过一体化运营，让管理团队有开拓公域的动力，从而通过庭立方的流量团队，进行线上开拓。在2022年探索有了重大进展后，庭立方再落地中台公司，将这样的成果应用到各个地方的刑事律所及刑事团队，以平台的方式辐射全国，为刑事律师寻找业务机会。

外部市场案源和内部市场案源是我们当下案源开发的两大重点。外部市场案源按照来源区分，可以分为线上开发案源和线下开发案源。线上开发案源可以通过网络投放、与第三方线上机构合作（类似 iCourt、无讼都开始推广线上案源合作）、私域客户运营等；线下主要以地推、活动（课程）营销、渠道合作、值班点咨询、KOL（关键意见领袖）合作等方式为主。内部市场开发也是近年来律所层面比较关注的，重点在于对存量客户的深度开发。比如浙江泽大所推行的“首单案源制”就是针对内部市场开发的一种制度。首单案源制规定由某个律师第一次签约的客户进入律所之后，在 3 年之内其他律师针对这个签约客户的开发所形成的创收，不论签约律师是否参与具体业务，其他律师都需要按照一定的比例向签约律师支付相应的费用。实际上是将客户变成了律师的“个人资产”，但同时通过付费机制鼓励其他律师对客户的深度开发，激活了律所内部围绕客户的交叉业务合作。这是律所内部不同律师（团队）之间的案源合作。同时，内部市场开发还有一大块是总分所以及分所之间的业务合作，这也是当下规模律所发展的必然趋势。另外就是跨律所的合作，不过跨律所的合作因为对信任关系要求比较高，会零散地发生，但很难成为案源开发的主要支撑。

不过对案源来源情况的分析还只是一种定量分析，是对上年度创收数据做出的类型分析，仅仅是结果层面的分析。知其然还需要知其所以然，在案源定量分析的基础上，我们还需要进一步发掘影响案源的原因，进而发掘出影响案源开发的“关键因素”。

在关键因素发掘上，我们更多的是参考了《专业服务公司的管理》这本书中提出的观点。

首先是做业务形态的划分，将业务划分为效率型业务、经验型业务、智慧型业务。这三类业务形态几乎可以囊括律师行业所有的业务。比如基础常法服务就可以归入效率型业务，破产重整业务属于经验型业务，高端商事诉讼是智慧型业务。

三类不同业务衍生出的客户选择、人员配置、规模体量都会有所区别。第一类是效率型业务，典型如基础常法服务。这类业务成熟度较高，不同律师的品控和结果的交付差别也不大，客户更倾向于选择报价较低、反应速度快以及可靠性较高的律师。这是这类业务客户选择的特征，也是这两年律师行业砸价主要集中在常法业务上的主要原因。与之类似的还有道交、劳动、民间借贷、一般执行等业务，这类业务更适合标准化、流程化的作业方式。人员配置上多以初级人员作为业务承办的主体，由资深律师负责维护客户关系和保障交付品控。不过这类业务的弊端在于利润率不高，客单价有限，多采用市场化的营销方式做批量业务，以数量换收益。

这些特征直接决定了效率型业务的案源开发方式主要由市场部人员（非律师人员为主）作为案源开发的主体，多采用大规模、低成本的营销方式如“网络投放＋电销（会销）＋转介渠道”等，批量化获取有效案源。家理、元甲、无众等律所多是采用这种案源开发方式。

第二类是经验型业务，这类业务的特征在于对业务的创新和个性化要求并不高，但对客户来说关系较大。客户对品控和结果要求较高，相应地，选择律师就比较慎重，倾向于选择有过同类项目成功经验的律师，以符合对结果的预期。

比如破产重整业务，客户在律师选择上更多会选择有成功项目经验的律师，至于价格高低并不是律师选择的决定因素，相应地，在这类业务上很难通过拼价格赢得客户，更多是依靠专业度获取客户。具体表现在案源开发上就是由资深律师作为案源开发主体，以专项产品为核心，配合“品宣 + 渠道 + 解决方案”营销，以产品所瞄准的同类型客户为对象做主动案源开发。

比如我们之前辅导重庆一个律师团队设计的“房地产企业破产重整专项服务”产品，就是在之前房地产企业破产重整成功项目的基础上衍生出来的一款法律产品。产品形成后再寻找有同类需求的房地产企业做产品的推广，形成以产品为核心的案源开发方式。

实际上经验类业务在当下的律师行业中是占据主流的业务形态，以产品为核心的案源开发方式有很大的操作空间。不过这类业务想要做出规模，一方面需要注意成本控制，依托法律产品实现业务的标准化、流程化，这个需要业务数量的支撑。法律产品服务的客户量越多，产品中的通用模块占比也就越高，客户定制化要求占比相对应地也就降低了，甚至做到一定程度，就从经验型业务转变为效率型业务了。这点实际上也是律师行业经历过的事情，比如前些年的 PPP 业务。起步之初因为业务的门槛较高，第一波获利的往往是最早开始做 PPP 业务的律师，后来随着这类业务数量做的多了，以及相应的业务课程培训的推广，PPP 业务的门槛降低，业务逐渐区域标准化，更多的律师参与进来，价格竞争就成为必然。

另一方面经验型业务想要做出规模，就需要实现从运营产品到运营客户的转变。前些年律师行业的竞争没有那么激烈，大家更多瞄准的是增加案源，通过各种方式开发新客户，对老客户的关注度不够。而随着行业竞争的加剧，新客户开发就没有那么容易了，对老客户的深度开发必然需要提上日程。而法律产品在这里就充当了客户与律师的“连接器”，能够帮助律师更好地开发老客户。实际操作中，我们辅导团队做好了法律产品的落地部署，解决了客户问题。对客户来说，我们通过法律产品帮助客户取得了成功。这个时候可以将客户再聚拢起来，形成客户社群，以社群运营作为主要的客户管理方式，从客户社群中再进一步发掘客户的深度需求，并借助社群做好客户与客户之间的资源对接，从而让律师从单纯提供法律服务的主体升级为“客户资源链接平台”。

当然想要实现这个目标，在法律产品设计上就需要下点功夫了，需要围绕客户的生命周期做法律产品的框架设计。比如我们辅导成都锦瑟团队设计法律产品体系的时候，就是按照女性客户的生命周期，引入了婚家调解、婚家诉讼、婚家执行、女性法律服务四个产品板块的设计，贯穿于女性客户法律服务的始终，也相当于将女性客户占有率、单个客户创收贡献率作为锦瑟团队案源开发的重要行动指标。

第三类业务是智慧型业务，典型的如高端商事诉讼、刑事辩护业务，这类业务个性化比较强，客户对服务的品控和结果要求较高，需要创新性的解决方案，也愿意为此支付相应的费用，倾向于选择行业内有一定知名度的专家型律师。但问题在于行业内有一定知名度的专家型律师数量很少，这类律师属于稀缺资源。这类业务在团队配置上也以资深律师为主，由资深律师做具体业务承办，配置部分辅助人员，一般团队规模不会太大，更多追求的是高客单价、有影响力的案件。

这类业务实际上选择权不在客户而在律师，律师开发案源多是靠品牌驱动，形成了以资深律师为案源开发主体，以“专家品牌打造”为案源开发的核心，注重通过品牌吸引（同行转介）客户主动对接的案源开发方式。

所以我们看到智慧型业务的律所或者律师团队，比如天同、靖霖等律所更多是在品牌打造上发力，以品牌作为案源开发的主要驱动因素。

不过这类智慧型业务因为客户的定制化要求比较高，很难去做标准化，自然也难以实现规模化，更多是对接高端客户群体，通过提升客单价来实现创收的增加。这点上智慧型业务和前面效率型业务、经验型业务“走量实现规模”的模式确实有所差别。

不过3种业务形态的划分并不是绝对的，3种业务形态可以实现相应的转化。比如在智慧型业务的颗粒度比较小的情况下，瞄准某类具体的案件，如采矿权纠纷、融资性贸易类案件，可以采用法律产品的打法，转化为经验型业务。经验型业务实现了标准化、流程化，业务门槛降低，也能转型为效率型业务。

我们在实战中可以在上述框架之下，结合律师（团队）的实际情况，具体问题具体分析，发掘出影响案源开发的关键因素（见附录1“法律服务分层设置图谱”）。

更重要的是，对这些关键因素的分析实际上也奠定了律师（团队）制定本年度案源开发整体规划的基础。案源来源会有一些变化，但关键因素基本上就定型了，至少在短期内不会有太大的变化。这同时也印证了我们之前提到的“没有最好的案源开发方法，只有最合适的案源实战打法”，业务形态、客户选择、规模体量、人员配置都会影响案源开发的具体规划。

第二步就是在上述分析的基础上确定本年度的案源开发规划。

实际上之前多数律师（团队）做案源开发基本上都是拍着脑袋做出的，尤其是在律所做汇报的时候，多是给自己（团队）在去年的基础上设定一个增长的比例，再核算出本年度的创收数额。

我们更倾向于案源开发是一个可以测算出具体目标，并逐步拆解实现的过程，这些工作集中体现在案源开发的整体规划。

通过对上年度案源开发关键因素的分析，我们基本上能确定律师（团队）案源开发的具体打法以及律师（团队）相应的资源、人员配置。有了这些条件不难测算出案源开发的整体目标，再进一步对整体目标做拆解，形成各个板块的具体目标，而后再围绕具体目标做人员、资源的配置，形成具体的行动计划，通过对行动计划的监控实现案源开发的落地。

这是我们辅导律师（团队）进行案源开发整体规划的思路。

第三步是案源开发具体任务的拆解。再好的规划如果不能落地也没什么作用，所以在规划的基础上我们将重点放在具体任务拆解上。

以经验型业务中法律产品驱动案源开发的模式为例，我们会进一步形成法律产品市场推广方案，其中就包含“法律产品年度创收”目标的设定；再进一步将这个目标拆解为“目标客户触达数量”“法律产品签单率”两个具体指标；围绕这两个具体指标，结合律师（团队）的资源、人员优势，形成精准到人的具体行动方案，同时会要求做定期的汇总和复盘，以期能够有效地执行落地。

不过在执行的过程中也需要注意一个问题，就是律师（团队）在案源开发方面的预算规划和人员储备，这是当前影响案源开发落地的关键因素（见表3－1）。

表3－1　法律产品市场推广方案

<table>
<tr><td colspan="2">目标客户画像</td><td colspan="5"></td></tr>
<tr><td colspan="2">法律产品价值</td><td colspan="5"></td></tr>
<tr><td colspan="7">法律产品配套物料</td></tr>
<tr><td>法律产品手册</td><td></td><td>法律产品介绍课程</td><td colspan="2"></td><td>法律产品品宣物料</td><td></td></tr>
<tr><td colspan="7">市场推广目标</td></tr>
<tr><td>目标客户触达数量（发生产品咨询的目标客户数量）</td><td></td><td>法律产品签单率（签单客户/目标客户触达量）</td><td colspan="2"></td><td>法律产品年度创收（法律产品预期年度创收）</td><td></td></tr>
<tr><td>市场推广方式</td><td>推广渠道列表</td><td>渠道对接物料</td><td>渠道对接人</td><td>客户跟进人</td><td>跟进物料</td><td>跟进进度汇总（月度）</td></tr>
</table>

续表

第三方合作渠道（选择营销能力强且能直接接触目前客户的第三方渠道，建立战略合作，借助第三方营销能力做产品推广）						
第三方推广渠道（选择目标客户聚集的第三方渠道，通过与第三方渠道做联合的活动、课程等合作，借助第三方渠道触达目标客户）						

以线上案源开发为例，当前线上案源开发最容易见效的方式就是“投放模式”，即通过百度购买关键词、直接铺设微信广告、在华律网等平台开通账号以及与第三方线上案源推荐机构合作等，都可以带来一些案源线索。但这些案源线索多数是要付费的，前期的成本投入有时较大。当然也有一些律师（团队）引入私域流量的打法，但这种打法是一种强运营的案源开发方法，需要持续的内容投

入和客户关系维护，才能在私域中孵化案源线索，并跟进形成有效案源。这种打法虽然在经济上投入不大，但对人员（团队）的要求比较高。

因此，最终做具体任务拆解，我们一般建议以团队讨论会的方式进行，并引入 OKR 的管理模式。在和团队充分讨论之后，将具体的任务分配到人，给予足够的资源、人员支持，如此才能保证我们的案源开发目标做到 80% 以上。

4 第四章

案源开发实战流程

虽然没有通用的方法，但正如前文提到的，案源开发是有它的底层逻辑的。掌握了底层逻辑，再结合律师（团队）的实际情况，如目标客户群、资源渠道、团队架构、知识管理、法律产品等，就能摸索出适合自己的案源打法。我们也是在实战的过程中，不断做梳理，才最终形成案源开发的底层逻辑。

一、客户导向视角

案源的背后是客户，做案源开发必须建立客户视角，这是贯穿案源开发所有工作的导向。

刚开始上手律所的案源开发工作时，笔者习惯性运用从法律科技公司移植过来的方法，即“以产品为核心”的案源开发方式。这和笔者之前的职业经历相关，笔者曾在法律科技公司待了 3 年，习惯在产品的基础上做营销，通俗地说就是“为产品找用户”。加入律所之后，笔者就习惯性地把这种营销方法移植过来，变成了“为律师找客户”。

但经过了一段时间，笔者发现“为律师找客户”这种案源开发思路是存在问题的。

其一，这是从律师自己的角度出发，给客户提供的是自己有的或者自己擅长的，不能形成对客户的完整解决方案。举个简单的例子，我们辅导的钢贸团队主打钢贸业务，擅长钢贸诉讼，而钢贸交易因为是大宗商品交易，融资是一个急需解决的问题，这部分就需要引入供应链金融服务。但我们在这块没有积淀，只能在品宣、产品上下功夫，而忽略了钢贸客户在供应链金融方面的法律需求。换句话说我们给客户提供的法律服务是不完整的。

其二，为律师找客户容易让我们陷入一个死循环，我们从自己有的或者擅长的服务角度出发，并通过品宣、市场工作强化这些服务，给客户传达的信息是我们特别擅长这些服务。长此以往，比如我们的钢贸团队，客户会产生我们只能做钢贸诉讼而做不了其他服务的认知，有钢贸供应链金融方面的需求的话就不会找我们而选择聘用其他更专业的供应链金融律师。

其三，也是最关键的一点，以律师为导向的案源开发，很难真正地从客户视角想问题，考虑更多的是律师的投入成本。举个最简单的例子，做常法服务，不少律师的状态是顾而不问，而非真正深度到客户中，主动为客户提供风险防控、纠纷化解等问题的解决方案，被动地等着客户来找自己，这个结果本身就是律师导向的必然。因此，客户导向、客户视角我们一直说在嘴上但很少落在实处，就是因为这个原因。

案源开发需要的是以客户为中心，经营客户，为客户提供完整的解决方案，而非以律师为中心，做推销律师的工作。

之所以这么说，实际上是案源开发的本质决定的。

之前我们提到过“最好的法律服务是帮助客户成功”，这里的客户既可以是企业客户，也可以是个人客户或者政府客户。而客户之所以愿意和律师建立关系，愿意向律师付费，很大程度上不是因为律师足够专业或者律师足够优秀，而是因为律师能帮自己解决问题，这是案源开发的本质所在。

正如我们一直说的“律师做法律服务，很大程度上不过是在帮助客户成功的同时赚点小钱”，也只有能帮客户成功（解决问题），客户才愿意向律师付费。

举个简单的例子，前段时间，笔者参与了一起企业员工安置的业务。业务本身没什么问题，最终也顺利解决了。但在业务过程中，我发现了我们的法律服务存在一些偏差。

以员工安置业务为例，这一业务可以拆分为4个核心的环节，即员工安置方案设计、法律风险评估、员工安置谈判、离职补偿/交接（见图4－1）。

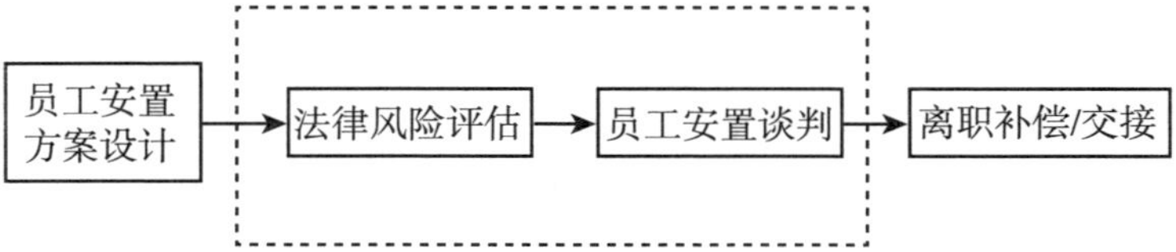

图4－1　员工离职安置业务

4个核心环节中，我们真正参与的只有法律风险评估和员工安置谈判两个环节。法律风险评估环节是针对企业方已经制定的员工安置方案做法律上的把关，员工安置谈判是配合企业方的业务主管和员工洽谈补偿方案、落实安置协议。

这种流程和安排没有什么错，但问题在于律师参与的深度直接影响了项目处理的效率。

简单地说，员工安置项目中最核心的环节是员工安置方案设计，后面的环节实际上都是对员工安置方案的执行。而方案设计和方案执行总会出现各种各样的偏差，这种偏差必然会导致方案的修改。如果企业内部决策比较麻烦，修改上就会很耗费时间。所以合理的处理方式是律师全程参与，从员工安置方案设计环节就进驻企业，并做好后面的跟进服务，保障员工安置项目的高效完成。

但问题在于，不是每个律师都认可上面的处理方式，更多的律师是作为企业外部法律顾问而存在的，做的是项目中法律问题的把关，把自己定位为一个“企业的法律监督者”。这就不难解释律师为什么会对客户说这不行、那不行，而客户老抱怨律师只懂法律不懂业务。

从这个角度评估，以客户为导向需要将法律服务“前置”，律师会更早地接触客户而后和客户共同设计裁员方案，再进一步执行和调整裁员方案，以达成客户的裁员目标；而以律师为导向，律师其实不太关心“前置”的工作，更多地会把这些工作视为额外的负担，毕竟裁员一般是按照人数来收费，前置工作并不会增加多少收费项目，基于创收和成本的考虑，律师的工作焦点更多是“做好客户安排的法律事务”。

诚然，律师是做法律的，这点没有任何问题。但同时律师是做法律服务的，法律只是服务的一种承载方式，服务的目标在于解决客户所面临的问题。只关注法律，而忽视服务，无疑是舍本逐末。正如管理大师彼得德鲁克所言“很多专业人士自以为很有成就，实际上他们不过在帮忙打杂或者磨亮石头罢了”。

对于律师来说，真正要做的不是法律，而是业务的法律支持。

再从竞争的维度考虑，以律师为导向的案源开发很少关注案源竞争，更多是坐店等客，等着客户上门来找自己。因此我们看到大多数律师在案源开发上是靠品牌（IP）驱动案源，特别重视个人 IP 的打造，律师写文章、出书籍、录视频、搞培训、做讲座，都是希望借助个人 IP 吸引更多的客户找上门，之后再通过谈案实现与客户的签约。

靠品牌驱动案源，这种方法本身没有错，但问题在于律师做品牌如果不以客户为导向，很难做出成果。

写文章、出书籍、录视频、搞培训、做讲座，这些多数律师其实已经在做，但能做出满意效果的律师却很少，很大程度上就是因为客户导向的问题。

以写文章为例，不少律师在写文章的时候特别容易犯的一个错误就是文章写得特别专业，主要表现为文章中多使用专业术语、论证某个具体的法律问题，这是从律师导向出发的文章。如果从客户导向出发，我们更倾向于将客户视为没有法律基础的小白，给客户看到的文章更多是在讲故事、讲案例，将法律问题生活化、故事化，用客户更容易看懂的语言做描述。这样才能借助文章建立客户对律师的专业信任，否则客户看不懂文章，何来专业信任，更遑论让客户帮律师做文章的转载、传播。

而且靠品牌驱动案源，品牌本身需要体现差异化，简单地说你的品牌能否给客户一个选择你而不选择其他律师的理由。

从当前的市场环境来看，客户找一个律师没那么难了，更多是货比三家，不是说非你不可。这种情况下我们不但要向客户证明我们的法律服务能解决客户问题或者帮助客户成功，而且还需要证明我们会比其他律师做得更好。

但问题在于当前的法律服务市场同质化非常严重，当大家更多的关注点在法律问题上的时候，提交的法律服务方案不会差别太大，很难说我们在方案上能比其他律师做得更好。既然法律服务方案差别不大，客户最终的选择可能就是谁更便宜就选谁。这也是当前律师行业砸价竞争的核心原因所在。

这个时候我们可以尝试跳出法律框架，虽然法律服务可能同质化，但客户的需求存在巨大的差异，采购法律服务的标准有很大差别。在客户采购标准设计上做一些文章，针对不同客户的差异化法律服务就容易做出来了。

以我们之前承接的一期国企培训项目为例，这个项目的客户是我们的老客户，也是一家大型的国有企业。我们在评估国企类客户需求的时候发现了一个很有意思的事情，就是每到下半年尤其是第四季度的时候，国企类客户的某些部门会出现“突击花钱”的现象。其实原因很容易猜到，国企内部财务走的是预算制度，今年定出明年的预算，而且分配给每个部门的预算会结合上年度财务结算情况有所调整。如果当年某个部门的财务结算是钱没有花完，可能给大家的印象就是不差钱，那么定明年预算的时候可能对这个部门就少给点。

在这种情况下，为了避免明年的预算受影响，这些部门必然需要“突击花钱”，这是客户发起采购的核心诉求。基于这个核心诉求，我们向客户建议做法律素养提升培训，从提升国企员工法律素养，助力企业法治化建设的维度切入，形成具体的申报方案，而后再经过招投标等程序，既满足了客户的核心诉求，也顺带实现了创收的增加。

从这个维度出发，虽然律师做法律培训很难做出差异化，大家都是这样培训的，但将法律培训与国企类客户的预算诉求相结合，就有了很大的操作空间。在这个操作空间之下，我们可以做出更多的差异化。

总而言之，我们做案源开发，需要从律师导向转为客户导向，这不仅是当前法律服务市场倒逼的结果，同时也是帮助律师更好地赢得客户的必然路径。

二、目标客户获取

正如前文提到的，当前律师的案源开发方式有两种：一种是钓鱼模式，另一种是养鱼模式。钓鱼模式是当前大多数律师采用的传统方式，比较简单，就是下好吊钩等着鱼上钩，至于在哪里下吊钩、能钓到多少鱼就取决于律师的人脉关系、资源渠道。而这种模式最大的弊端就是钓起来的鱼多种多样，案源决定业务，多种多样的鱼（案源）必然带来的结果就是律师各种业务都做，最终做成了“万金油”律师。

其实这种模式的形成很大程度上是因为律师对客户法律服务需求的认知误区，多数律师都认为客户的法律需求具有偶发性，实际上这句话对也不对。这句话对，是因为对单个客户来说，法律需求确实是偶发的，因为谁也不会知道什么时候会发生纠纷，自然也没有动力去关心法律风险的防控；但这句话同时也是错误的，在一个区域、一个行业或者一类客户群体中，法律需求是必然的而且呈现不断增长的趋势。

以最简单的工伤保险待遇纠纷为例，陕西省每年发生的工伤事故数量呈现逐年上升的趋势，而工伤人群的法律意识也在不断强化，这两个因素带来的一个结果是工伤保险待遇纠纷案件数量的逐年增加。在陕西地区，工伤保险待遇纠纷这个单项法律服务的需求是逐年上升的，我们的困难是不知道哪家企业发生工伤事故了，企业发生工伤事故后会不会找我们。

从这个角度来说，在特定区域、特定群体的特定法律需求不是偶发的，而是必然的。在这个认知基础上，律师做案源开发需要面对的不是单个客户，而是特定区域特定群体的特定需求。

而这个场景远非“下钩钓鱼”所能解决的，必须通过“养鱼模式”才能解决。

养鱼模式之下，首先需要识别特定区域特定群体的特定需求，换句话说要先建立案源开发对象的客户画像。

客户画像是我们在做法律产品板块内容的时候也提到的，法律产品的客户画像在这里也同样适用。具体到操作层面就是结合品牌定位确定的目标客户，形成对目标客户身份属性梳理、场景需求识别和客户选择倾向的识别（见表4－1）。

表4－1　目标客户画像

目标客户身份属性	目标客户场景需求识别	目标客户选择倾向识别
年龄集中在30～50岁，文化程度不高，以浙江、福建等地的人员为主，夹杂陕西本地人员，收入水平远超过一般大众，人员有聚集的特征，多集中在西安地区三大钢贸城，从事钢材贸易交易，且多以家庭作坊的方式运作	从事钢材经销业务，上游是钢材供应企业，下游以各类施工单位为主，主要的业务是从钢材供应商那里采购钢材并销售给建筑企业用于各类工程建设，且销售的方式以赊销为主、现货交易为辅	客户访谈： 客户是通过哪些方式、渠道找到我们的？ 客户最终选择我们的因素是什么，是价格、服务、方案还是其他？ 客户未能选择我们的原因是什么

有了清晰的目标客户画像之后，下一步就是获取目标客户。

在目标客户获取环节，我们也研发了市场化案源开发闭环（见图4－2），主要内容是关于如何获取目标客户。有一个很重要的原则就是“公域引流，私域运营”，简单地说就是找到我们目标客户聚集的地方（渠道），通过线上线下各种各样的方式，引流客户加微信好友。

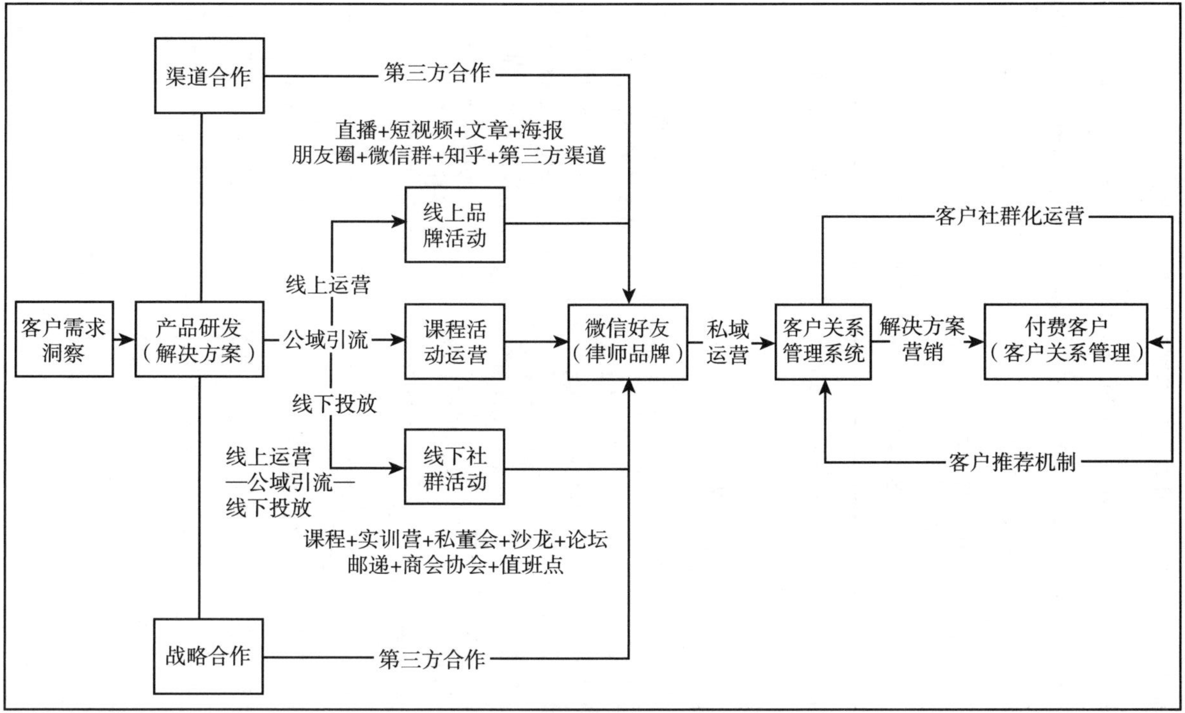

图4-2　市场化案源开发闭环

获取客户的具体方式不用多说，基本包括三大类，线上品牌活动、课程活动运营、线下社群活动，具体的措施更多元化。比如不少律师、律师团队会做微信公众号或者官网，用于获取目标客户，也会招聘新媒体人员从事内容工作，不断推送对客户有价值的文章、视频等物料，并希望通过这些方式持续获取目标客户的关注。

在目标客户获取这个环节需要注意的是三个实务操作细节。

一是目标客户最终留存的方式建议是微信好友，即通过各种方式让目标客户加律师的个人微信，将目标客户留存在微信上。我们观察到当期不少律师在获客操作上是将目标客户做成 Excel 表单，这种表单的作用很有限，只是记录了客户的数据，无法和客户形成互动。而加为微信好友，律师和客户之间可以形成良好的互动，即便是没有直接的聊天沟通，也可以通过朋友圈影响目标客户，逐步建立起和目标客户的信任关系。再者，微信也是目前最简便、成本最低的客户留存工具，这也是我们为什么建议获取目标客户后加微信好友的原因所在。

二是目标客户质量大于数量，律师获取的目标客户在量级上不像商业公司，动辄百万级、千万级的目标客户，律师的目标客户获取更看重质量，即目标客户的精准度，要更符合我们设定的目标客户画像。主要原因在于律师团队的业务消化能力有限，比如一个常法团队，能维护 200 家顾问单位已经算是做得很好了，而 200 家顾问单位需要接触的目标客户可能在 2 万家甚至更少，对数量的需求就没那么强烈。在这个背景之下，我们在具体的获客操作上就会有所侧重。以短视频为例，目前不少律师是跟风做短视频内容，什么话题热度高就做什么话题，这样确实可以带来一定的流量，但同时因为短视频内容做得比较杂乱，造成短视频引流过来的客户不精准。只有针对特定的目标群体，持续做目标群体关心的内容，这样才能借助内容引流更多目标客户，这才是律师做短视频内容的正确方式。

三是加了微信好友之后需要做初步记录的客户标签，简单地说就是加了微信好友之后需要在微信“标签”栏给客户打标签，将客户按照行业、职务、层次、关系度做初步的记录，形成客户的基础数据，方便我们下一步深度跟进客户。

当然，想要顺畅地获取目标客户，有两个前提也是绕不开的。

一个是知识管理，通过知识管理持续生产文章、课程、视频、直播、手册、书籍等各种各样的内容资料，再拿着这些内容资料对接第三方渠道做活动、做社群、做品宣，以内容为抓手持续获取目标客户。

另一个是运营工作，需要运营人员配合业务律师共同做客户获取工作以及后续案源开发的一系列环节，相当于需要运营人员全程参与到案源开发中，帮助业务律师做活动、做社群、做品宣。

经过目标客户获取这个环节，实际上律师手中（微信）就积攒了大量的客户，这既是之后的案件来源，也为后续的案源开发工作打好了基础。

三、信任关系养成

目标客户获取仅仅是案源开发的基础，获取目标客户之后还需要进一步接触互动，将目标客户从陌生人变成熟人，成为客户心目中的法律专家，这是私域流量运营环节所要达成的目标（见图4－3）。

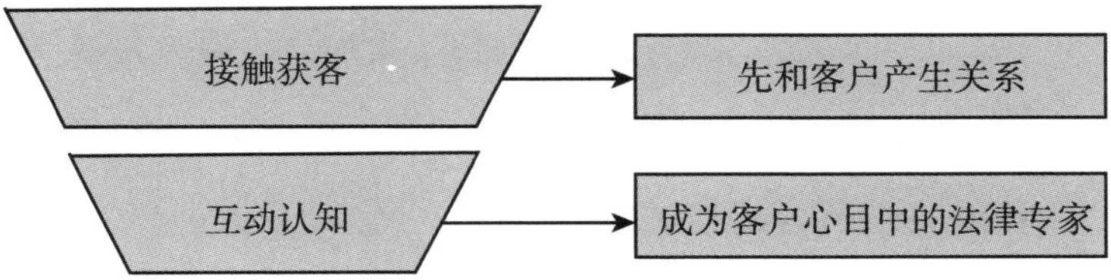

图4－3　私域流量养成

对于私域流量运营律师可能有点陌生，这里先给大家推荐一本私域流量的专业书籍，叫作《私域流量池》。

在这本书中，作者提出私域流量实际上是一种营销方式的变革，更加回归到营销的本质，是为了满足客户价值而存在的，可以实现建立客户关系—经营客户关系—变现客户关系—管理客户关系的营销闭环（见图4－4）。

运营私域流量 = 运营客户关系	第一步：建立客户关系 第二步：经营客户关系 第三步：变现客户关系 第四步：管理客户关系

图4-4　私域流量营销闭环

将私域流量运营引入律师行业，我们就可以从上述这个营销闭环入手，研究怎样结合律师、律师团队的定位、客户群体、业务模式、营收方式等引入形成和律师行业匹配的私域流量营销。

在具体的操作上，我们做私域流量运营一般会从三个维度切入：法律专家IP、内容供给、客户维护。

第一，打造法律专家个人IP，这是私域流量运营的根本。一般我们会在一个律师团队中选择团队领导作为法律专家IP的塑造人选，并通过文章、视频、课程、书籍等将这个IP呈现出来。

以我们辅导的钢贸团队为例，钢贸团队希望未来打造出三个法律专家IP，包括钢贸风控专家IP、钢贸诉讼专家IP、钢贸执行专家IP，这三个个人IP共同组成了钢贸业务的IP。这也在一定程度上解决了律师个人品牌和团队品牌矛盾的问题，团队品牌就是由这些个人品牌（个人IP）共同组成的，打造个人IP就是成就团队品牌，这也调动了钢贸团队内部资深律师的积极性。

当然，在这个过程中还需要注意团队和IP律师之间一定是深度绑定的，可以考虑通过计点合伙人的方式实现深度绑定，这样不会出现营销团队打造出了律师个人 IP，结果律师转所导致前期的投入打了水漂的结果。

第二，内容供给。正如上面提到的，做私域流量最核心的环节在于和客户互动，让客户从陌生人变成熟人，进而变成付费客户。

想要实现和客户之间的良性互动，重点是给客户提供有价值的物料。这些物料的提供需要运营人员和业务律师合作，不断结合业务、客户喜好、行业动态开发文章、视频、课程、手册、产品、海报、沙龙等物料，让律师有足够的物料和客户去做互动，甚至是每天都能互动。否则，仅仅靠律师和客户一个月、半年或者一年见一次面，很难让陌生客户变成熟人客户。

在这一点上，律师、律师团队必须有人去做内容，没有内容的持续供给，私域流量营销是无法维系的，更谈不上将客户转化为付费客户、重点客户。

第三，客户维护。内容供给是为了和客户互动，进而让客户从陌生客户转化为熟人客户，这是客户维护的核心。除此之外，客户维护还有两个方面的工作要做：一方面是要通过和客户之间的持续长久互动，不断丰富客户个体画像，甚至需要知道客户家里的衣食住行用等信息，达到这样的程度才算是和客户成了熟人；另一方面就是要发掘可以帮助我们推荐案源的重点客户，将其纳入重点客户案源推荐长效机制中，借助重点客户推荐批量获取案源。

需要注意的是，私域流量运营没有什么通用方法，需要和业务板块、律师团队、目标客户等因素相结合，找到最适合自己的私域流量打法。

比如，国内有些做婚姻家事的律所，它们的案源开发集中在私域流量运营环节，也会在客户引流、客户互动、谈案引导等环节。但在客户引流环节，家事律所的主营业务是婚姻家事服务，其中最高频的是离婚诉讼服务，这类服务的目标客户一般不愿意向熟人透漏离婚意向，也不倾向于通过熟人找寻律师，以免被熟人发现自己要离婚的事实，它们可能更倾向于通过网络找寻律师。因此家事律所通过百度购买关键词、SEO 导流、微信公众号引导的方式就很容易实现和这些客户的接触，进而通过电话咨询、专家谈案跟进，将其转化为付费客户（见图 4－5）。

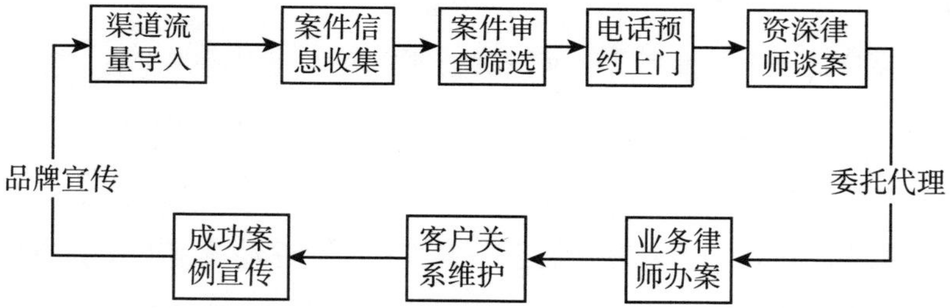

图 4－5　线上案源开发流程

这类律所因为主要以个人客户为主，所以私域流量运营集中在案件筛查和电话预约上门环节，不太注重客户维护工作，更加注重前面的目标客户获取，强调的是短平快的案源开发模式。

比如四川卓安律师事务所，建立了专门的客户服务部，这个部门的定位是客户全生命周期管理者，部门目标是提高工作效率、提升服务质量、优化客户体验，部门愿景是为客户低谷时刻赋能，让法律服务更有温度。在案源开发时卓安更注重通过专业团队以及详细流程对客户进行精细化、针对化、人性化运营。

卓安的部分案源来自公域渠道。公域案源尤其是通过互联网得到的案源，与慕名而来的案源之间最大的差距就在于他们的信任基础不同。在互联网上找律师的人，可以找到这个律所，当然也能在互联网上找其他的律所，能否与客户快速建立信任，是决定成败的关键。想要建立信任，最好的方法就是以数字化的方式让客户在网上就可以全面全方位地了解律师和律所，在上门面谈前就跟客户建立起一定的信任，并邀约客户上门面谈，建立起电话、微信邀约客户上门的完整业务流程。这个流程甚至已经详细到了什么时候应当给客户端茶水，什么时候应当打断律师和客户谈案，什么时候应当播放 PPT 等内容。客户服务部的工作人员只要经过短时间的培训即可按照流程上手客户运营，并且能够取得不错的效果。

在我们辅导的钢贸法律服务领域，因为目标客户钢贸商形成了一个很小的商圈，客户具有很强的聚集性，一般都会聚集在钢贸交易市场（钢贸城），客户之间的交流也比较频繁。而且因为钢贸客户多为企业客户，钢贸标的比较大，一般都会涉及客户的深度维护，故采用私域流量运营的运作方式。不过因为钢贸商的特点，私域运营多以线下活动的方式开展，其中搭建重点客户案源推荐长效机制就是一个很重要的工作。重点客户的数量直接决定了钢贸法律营销的规模，后期甚至可以帮助钢贸团队实现地域的拓展。

从前述对比我们不难看出，私域流量运营的底层逻辑就是前面提到的三个维度，但实际操作上往往差别很大，需要结合律师（团队）客户、业务、定位等多个因素，探索匹配的私域流量运营方式。

四、案源线索发掘

通过获客让客户进来，借助私域运营建立和客户的信任关系，有了这两个基础之后就需要做案源线索发掘。相比前两个阶段，案源线索发掘不再瞄准潜在的客户，而是瞄准已经形成法律需求的特定客户，只不过需要将特定客户从上面两个阶段形成的客户池中挑选出来。

这个环节和法律产品中的需求洞察有点像，也分为被动案源线索和主动案源线索（见表4－2）。

表4－2　案源线索开发

被动案源线索	主动案源线索
客户找上门主动提出具体的需求了，而后律师根据客户的需求做解决方案设计	客户没有意识到或者没有认知清楚。这种情况下很难指望客户会主动找到律师，而应该律师“主动点”，发掘客户的“深度需求”

被动案源线索，这是传统律师比较喜欢的，不用律师主动，一般都是客户找上门主动提出具体需求，而后律师根据客户的需求设计解决方案。比如客户通过微信咨询、电话咨询、上门咨询等方式主动找到律师，提出自己的需求，而后律师根据具体案情提出解决方案，再跟进谈案签订委托。

但对于被动案源线索，律师不能仅仅“被动等待”，还需要做一些主动工作。这些主动工作的重点在于搭建被动案源线索体系，简单地说就是梳理各方面的资源渠道，确保这些案源线索能流向自己而不外流。

我们在实战的基础上初步形成了几个板块的被动案源线索体系。

第一，律所公共案源，主要是律所前台电话咨询、陌生客户来访接待。比如当前一些律所对外品宣做得比较好，在社会上有一定影响力，不少客户需要找律师时就会慕名而来，通过前台电话咨询或者来访对接律师。这些案源线索属于律所的公共案源，一般需要律所按照一定的规则去做具体分配。

第二，内部交叉案源（所内律师推荐）。实际上在规模律所内部已经自发在做这类案源开发，各个律师、律师团队之间因为专业分工、案件筛选标准、业务能力的差异会自发地形成交叉合作。不过想要再进一步，就需要律师做积极引导，形成内部交叉合作长效机制，这是未来规模律所案源开发的主要渠道。

第三，事业合伙人推荐。这类案源需要在律所内部建立事业合伙人社群，简单地说就是聚集一些本身具有资源背景、人脉背景的人员，比如记者、商务咨询公司、企业家等，与事业合伙人建立长期联系，借助对方的资源人脉获取有效案源线索。

第四，值班点接待咨询，主要是依托调解中心、法院、仲裁院、园区等值班点，安排律师跟进值班，通过值班点咨询发掘案源线索。比如我们之前对接的权威律师团队，其通过在劳动仲裁委设置值班点基本上可以保证每月有效案源在10单以上。

第五，线上投放案源线索。这是近年一些律所常用的案源开发手段，一些法律科技公司或者法律服务公司也会涉足这个领域，比如通过百度、美团、闲鱼、华律网等。律所付费投放，由这些平台向律师导流法律咨询，对接后形成有效的案源线索。不过这种案源线索的开发方式在近年面临成本上升且案源线索质量有限的问题。

第六，第三方公司合作案源。这类案源和事业合伙人推荐比较相似，不过事业合伙人多为个人，第三方公司合作主体一般是公司。第三方公司通过战略合作协议的方式做共同的案源开发，主体多为人资公司、出租车公司、房屋中介机构、管理咨询公司、代账公司或者现在一些优质的法律服务公司，这些都是可以选择的对象（见表4－3）。

表4－3　律所公共案源线索梳理表

<table>
<tr><th>线索类型</th><th>线索来源</th><th>负责人</th><th>参与人员</th><th>线索量（月/单）</th><th>成案量（月/单）</th></tr>
<tr><td>前台电话咨询</td><td></td><td></td><td></td><td></td><td></td></tr>
<tr><td>陌生来访接待</td><td></td><td></td><td></td><td></td><td></td></tr>
<tr><td>所内律师推荐</td><td></td><td></td><td></td><td></td><td></td></tr>
<tr><td>事业合伙人推荐</td><td></td><td></td><td></td><td></td><td></td></tr>
<tr><td rowspan="3">值班点接待咨询</td><td></td><td></td><td></td><td></td><td></td></tr>
<tr><td></td><td></td><td></td><td></td><td></td></tr>
<tr><td></td><td></td><td></td><td></td><td></td></tr>
</table>

续表

线索类型	线索来源	负责人	参与人员	线索量（月/单）	成案量（月/单）
线上投放案源线索					
第三方公司合作案源					

同时，有一类案源线索开发方式需要注意，就是电话销售。目前行业内已经有一些律师团队或者律所组建了自己的电销部门，通过电话销售的方式触达客户，开发主动案源线索。但这种方式建议尽量慎用，一方面自己组建电销部门的成本比较高，一般的律所或者团队很难负担；另一方面，电销本身是一种比较低效的案源开发方式，而且目前被一些无良企业做烂了，导致电销风评较差，客户也比较反感，律所或者团队以自己的名义做电销会在一定程度上消减客户对律师团队或者律所品牌的认可度，这是电销最大的弊端所在。

实际操作中，我们一般会选择和第三方公司合作，比如目前和一些法律服务公司的合作，我们提供内容素材、法律产品，然后法律服务公司以自己的名义做电销，并设立筛选标准，将一些符合我们要求的案源线索对接过来。

这样做一方面通过第三方公司弥补了律所、律师团队案源开发人员不足、案源开发能力欠缺的短板，另一方面因为法律服务公司和律所、团队的隔离，也避免了律所、团队品牌的受损。

但目前因为同行律师都在关注主动的案源线索开发，而且随着律师人数越来越多，主动案源线索开发的成本不断增加，不可避免地会出现“白嫖咨询”的问题。这类客户一般都会选择货比三家，同行之间容易陷入砸价竞争，这类客户很难作为律师优质案源的主要来源。

以上是被动案源线索的开发，相较于被动案源线索，我们目前运营的重点在于主动案源线索的开发，简单地说就是发掘客户深层次需求，并形成解决方案（法律产品），再与客户对接谈案，形成业务。

这个过程一方面需要将前面的客户获取、私域流量运营环节都做到位，使律师或者案源开发人员能直接接触到大量的目标客户；另一方面更重要，需要和客户进行深度沟通以及长期的互动接触，形成对客户的“数据沉淀”，这是我们做出主动案源线索开发的依据。

以企业客户的开发为例，我们实战中先通过前期各种方式获得精准的目标客户，而后借助私域运营和客户建立初步的信任关系，同时引入了一套“动态客户关系管理系统”，采用多款工具相结合的方式，包括个人微信、加推 App、企业微信、法数云，形成了一套从和客户接触开始的客户标签、客户服务互动数据、客户业务数据、跟进拜访数据、客户商务数据“自动沉淀”的系统见图 4 – 6。

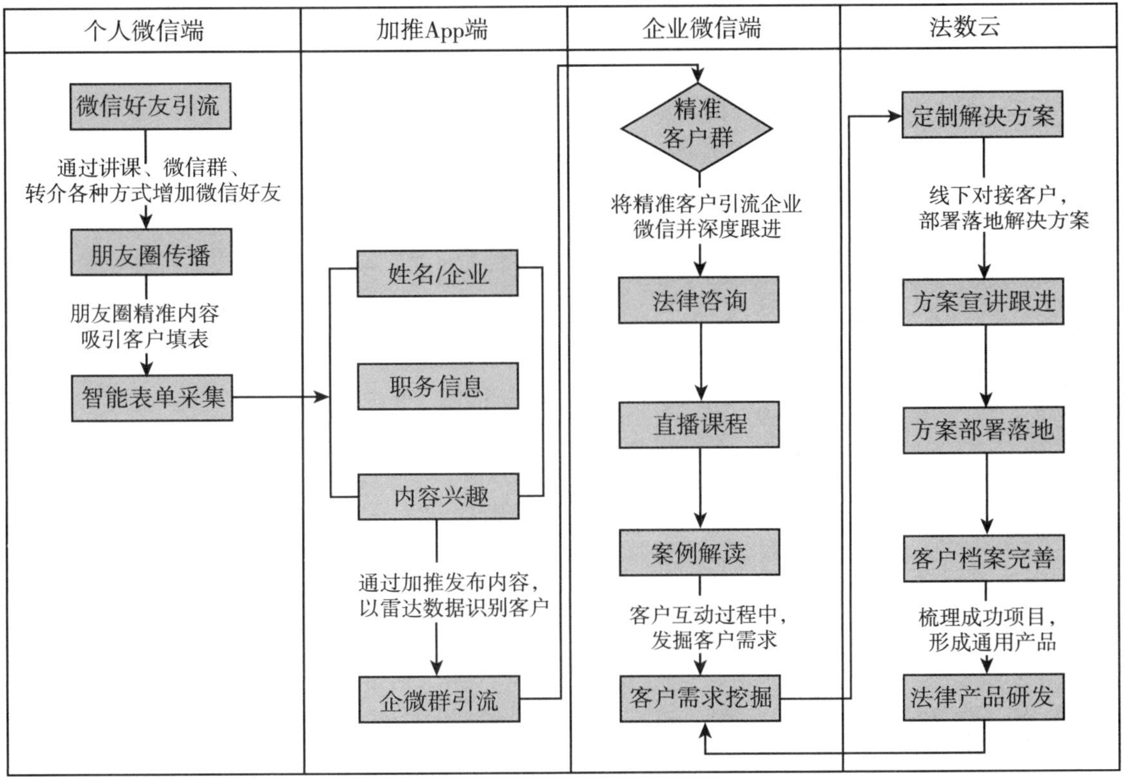

图4-6　动态客户关系管理系统

但仅仅有系统还不够，还需要有一个例会机制，这个机制就是客户数据分析暨需求研讨会。数据不会自动变成需求，我们需要在数据分析的基础上，集合案管人员（负责数据采集和整理）、法律产品经理（负责客户需求挖掘）、客户服务律师（负责方案设计和部署落地）三方，每月一例会，形成对客户需求发掘的长效机制。

此外，借助法律产品研发形成对目标客户深度需求的挖掘，并形成可以跟进的案源线索。

以“房建企业印章安全管护方案”这款产品为例，这是我们在梳理房建企业裁判数据的时候发现的需求。房建企业多采用项目部的运作方式，而项目部是房建企业印章使用的主要主体，特别容易发生项目部违规用章、私刻印章的情形。基于对这个需求点的挖掘，我们进一步整合资源，研发出“房建企业印章安全管护方案”，用“法律＋科技”的方式解决房建企业印章安全问题。

有了这款产品之后，在案源线索开发环节我们就可以更多地去做产品的市场推广工作，简单地说就是通过各种方式、各个资源渠道将这款产品推给合适的目标客户，这点可以参考法律产品板块“市场推广”章节的内容。

就两种案源线索来说，当下大部分律师团队的被动案源线索占据了主体地位，主动案源线索反而是补充，这实际上也反映了当前律师案源开发的局限性。

原因在于被动案源线索属于短平快的案源，更容易见效果，不过随着这两年行业竞争的加剧，各家律所、律师团队对案源的开发日益深入，也都在搭建自己的被动案源线索开发体系。比如西安这边，仅仅一个劳动仲裁的值班点就有七八家律所入驻，而且需要排班值班。更重要的是现在的客户在选择律师的时候，会通过更多的方式接触更多的律师，“货比三家、律师尽调”已经成为客户选择律师的常态，在律师无法给客户足够的选择理由的时候，砸价竞争就成为一种常见的方式。我们看到当前行业中砸价竞争已经有了迹象，这也在一定程度上说明被动案源线索已经进入到红海阶段。

在这种情况下，我们更建议律所、律师团队、律师开发主动案源线索。但正如上文提到的主动案源线索的开发不如被动案源线索来得那么直接，需要和客户深度接触、互动，建立和客户之间的长期信任感，并进一步收集客户信息、挖掘客户需求，以法律产品的方式对接客户，形成案源机会。

这是一条正确而困难的路径，但也是未来十年律师行业发展的必然路径。

当然被动案源线索、主动案源线索两者并不冲突，甚至有不少交叉的地方，这点需要在实践中结合律师实际情况进行融合。

还是以我们辅导的常法团队为例，我们在做案源线索体系搭建的时候，既有对被动案源线索的梳理，比如第三方合作、内部交叉案源、事业合伙人制度等，也有对主动案源线索的跟进，比如以法律产品研发为核心，做法律产品的市场推广，进而再形成具体的案源机会。

五、业务机会跟进

我们需要注意案源线索仅仅是案源线索，能不能转化为有效的签单案源取决于两个条件。

一是客户有足够的预算，否则我们再怎么跟进，客户没有预算始终很难形成有效案源。比如企业客户，律师一般会选择和企业法务对接，但法务部门有的时候作为企业的边缘部门，掌握的预算并不多，导致不少法务虽然有很强的合作需求，但预算跟不上，始终无法形成有效的案源。

二是客户是否有明确的时间安排。这点是案源线索转化为有效案源的最大障碍。以常年法律顾问为例，我们发现不少企业客户签常年法律顾问协议的时机是在发生诉讼纠纷的时候，律师处理完诉讼纠纷，然后再进一步和企业沟通签订常年法律顾问协议。实际上出现这种情况也容易理解，虽然企业知道有法律风险的存在，需要聘用常年法律顾问来做风险防控，但这不是一个着急的事情，企业并没有形成明确的时间安排，导致律师即便拿到案源线索，在跟进签单上却迟迟未能实现，这就是跟进一些企业客户一两年始终无法签单的原因。

而业务机会跟进环节所要解决的就是上面两个问题。

业务机会跟进的第一个要点就是要“找对人，说上话”，换句话说就是要了解客户的决策体系，这点主要是针对企业客户、政府客户，也会涉及个人客户一些比如谁当家主事的问题。下面我们主要讨论企业客户的决策体系。

以往律师群体在业务机会跟进的时候容易犯一个错误就是对接法务部门，虽然对接法务部门在沟通上比较容易，而且法务对决策的影响也比较重要，但问题在于在当前企业客户中，法务部门多数处于边缘位置，手头掌握的预算资金也有限。

律师需要对接法务部门，但不能仅仅对接法务部门，而应该借助法务深入了解企业内部的决策体系，并通过法务对接相关的决策人，比如企业负责人一级或者核心部门主管一级的人员。

实际上对企业决策体系，我们在设计“企业客户信息卡”的时候已经有所涉及。实务中我们会要求和企业对接的人员尤其是对接的业务律师，通过各种方式了解企业内部的决策体系，包括决策签字人、参与人、决策咨询专家和决策执行人员，并将这几类人员作为重点跟进的对象，以确保业务机会跟进的时候能得到企业内部人员的支持。

当然，这只是一个方面，我们还需要解决预算的问题。对于这个问题的解决，有 3 个操作技巧。

一是需要在前面私域运营环节就注意收集企业的相关信息，尤其是企业的商务信息，包括企业内部部门划分、KPI 指标设定、企业重点项目、企业外部供应商的情况以及企业重点竞争对手。有条件的可以进一步了解企业的年度预算规划。通过研究这些商务信息，分析企业“希望把钱花在哪里，希望实现哪些目标，希望以什么样的方式参与竞争”。了解了这些信息后，我们对企业有了一定的认知，再进一步判断我们的法律服务能在哪些环节对企业形成支持，或者我们手头有哪些资源可以对接给企业，以此为切入点再和企业沟通业务合作，往往比单纯地和企业谈法律服务更有效。

二是通过对法律产品的包装拿下非法务部门的预算。以我们正在辅导的拓品团队为例，该团队主打的业务是企业品牌资产保护法律服务，以法律公关、传播合规和政府智库为其主要业务板块。他们在和企业对接的时候实际上不是直接和企业法务对接，而是和企业公关部门、市场部门对接。一般设置这两个部门的企业，都会给足预算，拓品团队实际上是将自己的法律服务与部门业务相结合，形成助力公关部门、市场部门业绩完成的方案，因此可以动用其他部门的预算实现法律服务的采购。

不过上面两个都是“应急”的操作技巧，更核心的操作在于第三个，建立“分人群的客户社群”。

实际上我们在私域运营的时候已经开始做客户社群的工作，对于企业客户我们一般是按照其主要的业务部门做划分，分为高管赋能社群、法务升职社群、人资主管社群、财务主管社群、业务主管社群5个主要的社群，并在设计内容物料的时候结合社群内人员的需求搭配合适的内容物料，与社群内人员不断互动，和这些潜在客户建立信任关系。基于这种信任关系，后面的业务机会跟进就相对容易了。这些才是真正解决业务机会跟进问题的核心工作。庭立方也通过每年大量的线下活动以及每天持续的线上直播，建立了私域流量池，根据不同的罪名建立粉丝群，并细分客户群体进行精准的互动和维护，以这个群体最关心的内容增强客户群体的黏性，再通过大量的轻法服务满足客户群体不同层次不同时间点的需求（见表4－4）。

表 4－4　企业端客户课程设计体系表

涉及部门	目标受众	课程类型	课程主题
人力资源板块	企业负责人、HRD、部门主管	引流课程	企业用工六线风险防控（课程）
		引流课程	业务主管做好员工关系的六大思维（课程）
		引流课程	九大范式，助力企业落地灵活用工（课程）
		内训课程	集团型企业用工合规操作十大专题（课程）
		内训课程	企业竞业限制的“攻”与“防”（课程）
		内训课程	五步裁员，打赢企业裁员攻坚战（课程）
	企业 HR、行政人员	引流课程	六个阶段做好企业工伤事故处理（课程）
		引流课程	企业加班管理十大技巧暨人社部加班类案解读（课程）
		引流课程	试用期员工管理十大技巧（课程）
		内训课程	HR 如何打赢劳动官司（课程）
		内训课程	消除工作场所性骚扰（课程）
知识产权板块	企业负责人、副总、各部门主管	引流课程	知识产权，三招为企业持续创造利润（课程）
		内训课程	六线防控，做好企业商业秘密保护（课程）

续表

涉及部门	目标受众	课程类型	课程主题
知识产权板块	企业负责人、副总、各部门主管	内训课程	《个人信息保护法》对企业的十大影响（课程）
		内训课程	科创板知识产品审核要点与企业知识产权储备（课程）
		内训课程	员工离职创业十大知产风险与应对（课程）

而对于企业客户不着急，没有明确时间安排的问题，我们一般的做法是将特定企业客户需求的优先级排序，从企业感知度最高、最容易见效果的业务切入，以小博大，逐步形成和企业的深度合作。

以我们对建设单位的开发为例，建设单位近年已经成为各家律所争相抢占的对象，这是一个绝对的红海市场，而且区域内高质量的建设单位只有几家，这进一步加剧了律所、律师之间的竞争。

对于建设单位，我们的具体跟进方式就是循序渐进。比如上面提到的“房建企业印章安全管护方案”，这是我们切入建设单位的一个引流产品。通过之前的研究，我们发现部分建设单位每年因为私刻印章、违规用印的问题会产生百万元、千万元甚至过亿元的损失，这是建设单位急需解决的问题。我们也是急客户之所急，率先从印章安全入手做法律产品研发，通过解决印章安全的问题敲开建设单位的大门，而后再进一步向建设单位提供关于土地开发、投融资专项、公司股权设计等法律服务，通过一个一个产品、一点一点地解决问题，逐步将建设单位变成我们的固定客户。

这个策略的施行要真正挖掘到客户最关心、最急需解决的问题，对于这些问题客户很容易列出时间规划并推进安排，解决这些之后再进一步在成功项目的基础上逐步深入往前推进，最终发掘出更多的业务机会。

大家应该已经注意到了，业务机会跟进实际上更多是针对主动案源线索，而被动案源线索因为是客户主动提出要找律师的，在预算和时间安排上比较明确，甚至有些客户比较着急，需要尽快与律师确定委托关系，比如一些商事纠纷、刑事辩护，都是如此。

因此对于被动案源线索，不需要做太多跟进的工作，更需要的是在谈案签约中拿下客户。

六、谈案签约技巧

要在谈案签约环节拿下客户，概括为一句话就是“给客户选择你的理由，并督促客户与你签约”。

在实战的过程中我们逐步总结出“成功谈案六步法”，用以辅助律师做好谈案签单环节的工作。

1. 背景调查

不论是主动案源线索还是被动案源线索获得的客户，一般在和客户谈案之前都需要对客户进行“背景调查”。当前背景调查有粗有细，需要根据不同的情况做调整。

我们在前面的环节中已经提到了，对于主动案源的开发一般都会经过目标客户获取、私域流量运营的过程，在这些过程中实际上已经和客户发生了联系，对客户有了一定的了解，对一些客户甚至还有法律咨询和小项目合作的接触。在这些过程中如果注重对客户数据的积累，就很容易形成我们上面提到的客户信息卡，而客户信息卡实际上就是我们做客户背调所需要掌握的东西，以此建立对客户的认知，也方便后面谈案律师和客户接触的时候做到心中有底。

不过当前更多律师没有进行前述的环节，而且案源多是被动案源，和客户接触的时间有限，这个时候建议对客户的背景调查可以做得相对简单点，但基本架构还是客户信息卡那一套框架，只不过填充的内容可能没有那么详细。

除了人工的操作方式，近年不少律所也引入了客户管理系统，在实际操作中我们更多是借助客户管理系统做背调（见图4－7）。

图4－7　客户管理系统

比如，德恒西咸在 2022 年引入“法数云客户关系管理系统”，将客户的各类信息包括日常的咨询信息、跟进信息汇总在法数云系统上，我们做客户背调的时候更多是通过系统检索具体的客户，而后通过系统储存的信息做客户认知。

但这种做法有个前提，前期获客和私域运营环节要做得足够好，否则没有客户信息的积累，在背调环节也做不了什么工作。

当然我们在对客户进行背调的同时，客户实际上也在对我们进行背调。

相比我们对客户的背调，当前客户对我们的背调更多是通过朋友圈、裁判文书网或者网络检索了解即将与之洽谈的律师，因此律师有时候丢客户会丢得莫名其妙，可能就是因为客户背调环节出了问题，建议律师经营好自己的朋友圈，做好自己的业务数据，防止在客户背调环节就丢失客户。

在这方面有个小的实战技巧，就是做好律师电子名片。现在的电子名片多以微信小程序的方式展现，实际上已经成为律师的“个人移动官网”，律师的介绍、履历、裁判数据、成功案例、客户评价、文章著述、日常动态都可以集中在律师电子名片上。在和客户对接的过程中就可以直接推送给客户，相当于辅助客户更好地做律师背调，也在一定程度上借助电子名片向客户展示了自己的业务能力。

为了匹配客户对律师的背调，还有一种解决思路。庭立方刑事律师平台通过构建自己的数字化矩阵，让刑事律师能够更容易被看见。只要入驻的律师在庭立方的数字化矩阵中录入自己的信息，那么就可以通过各种网络搜索平台查询到律师的相关信息，作为应对客户背调的完备素材库。

在客户背调或者被客户背调的基础上，下一步需要和客户敲定具体谈案时间、谈案地点，一般的背调工作包括和客户敲定谈案时间、谈案地点。我们通常建议由律师助手或者合作律师完成谈案时间、地点敲定工作，甚至在有能力的情况下可以培养专门的谈案团队，分工协作，尽量不由主谈律师出面，以保持主谈律师的调性。当然这只是一些小技巧，谈案准备的重点工作不在于此，而在于对谈案客户的法律需求做分类。

比如，卓安所为了谈案对律师和辅助人员进行了提前分类，以匹配各种客户法律需求。卓安所的每一个案件都必须至少有两名谈案律师，谈案律师分为主谈律师和辅谈律师，主谈律师把控谈案策略及节奏，与客户深入沟通，而辅谈律师是在主谈律师的安排下，适度参与谈案和办案。最重要的是，除了两名谈案律师之外，卓安所还设置了客户经理和知识管理工程师这两个职位，客户经理负责案源对接、制作谈案 PPT（轻度知识管理）、谈后斡旋、签订合同、准备办案材料、客户关系维护，知识管理工程师则是进行深度知识管理、制作重大案件谈案 PPT。在这个过程中，律师真正成为我们梦寐以求的法律专家，不用再跟客户做讨价还价的工作。分工协作，由专业的人做专业的事，客户经理起着重要的协助作用。

我们结合《专业服务公司的管理》中描述的“智慧型业务、经验型业务、效率型业务”对客户的法律需求做了进一步的梳理，形成“法律业务分层设置图谱”，以此为框架对不同客户的法律需求做区分，同时也对客户的关注点和预期做梳理。

以商事诉讼业务为例，这类业务个性化比较强，客户对服务的品控和结果要求较高，需要创新性的解决方案，也愿意为此支付相应的费用，倾向于选择行业内有一定知名度的专家型律师。

谈案准备环节一方面是向客户展示主谈律师的个人品牌，比如电子名片在和客户商谈谈案时间、地点的时候就可以顺势发给客户，让客户了解与之谈案的律师的专业度；另一方面是对于诉讼业务的一些成功案例，可以一并发给客户，强化律师对客户的吸引力并对客户形成一定的心理暗示。

同时更重要的一点是结合客户背调，对客户谈案预期做调研，初步了解客户对案件的一些要求和期望，并及时同步给主谈律师，以做到有备无患。

以客户运营经验丰富的卓安所为例，其专业的客户运营团队在谈案准备问题上主要做了 3 个方面的努力。

第一，如果客户要到律所进行面谈，一定要与谈案律师提前预约确定具体时间，如果客户临时到达律所而没有预约，除非特殊情况是不会安排任何律师去谈案的，本着对客户负责任的态度，也是站在对结果负责的角度，必须给谈案留出充分的准备时间。

第二，客户运营团队的客户经理一定要参与谈案的全过程，由客户经理进行开场介绍律师，谈案律师应当体现出专业的形象和专家的角色，不宜“王婆卖瓜，自卖自夸”。若客户中意某位律师又肯定想深度地了解这位律师，由客户经理恰如其分地介绍更能够增加当事人对于律师的信任。

第三，在跟客户见面前，由客户经理和客户进行一个线上的沟通。在谈案之前，客户经理必须将与客户前期沟通了解到的罪名、本案所处的阶段、犯罪嫌疑人的状况、客户需求等基础信息反馈给谈案团队；在跟客户见面交流前就要准备好当日与客户交流的与案件相关的知识管理，最大限度满足客户谈案的需求；最后无论客户是否委托我们，都不让客户白跑一趟，无论是知识还是方法，客户都会有所收获。卓安团队始终相信真诚才是谈案的利器，在谈案的过程中尽量沟通到细节，不怕把核心方法告诉客户，不搞神秘不躲闪，反而更容易让客户建立起信任，相信这是为他们着想的专业团队。当然，这里需要注意不同的客户对应的要求和选择倾向有很大不同，需要结合“法律业务分层设置图谱”提前准备。

比如，经验型业务类的破产法律服务，客户倾向于选择有过同类项目成功经验的律师，以保证对结果的预期。这个时候最重要的物料就是主谈律师成功案例的梳理；效率型业务，这类业务成熟度较高，不同法律服务商的品控和结果的交付差别不大，客户更倾向于选择报价较低、反应速度较快以及可靠性较高的法律服务商，这个时候需要更多准备，证明团队在效率、反应速度和可靠性方面的优势。

2. 倾听客户

前期准备好之后就进入到具体的谈案环节，一般我们会约客户来律所谈案，一方面是因为律所是我们的主场，另一方面也是检验客户的谈案诚意，可以筛除一些蹭咨询的客户。

谈案一般会安排两个人，一个主谈律师，一个谈案辅助人。主谈律师负责与客户的具体洽谈，谈案辅助人负责配合工作，比如客户引导、接待安排、律师介绍、文件演示、谈案记录以及后面的报价引导。

在和客户谈案的过程中，我们专门把“倾听客户”单列出来作为一个环节，实际上这是很多律师在谈案的时候经常会犯的一个错误。律师作为专业人士，多数是有专业自豪感的，在专业展示和客户需求解决之间有的时候很难把握尺度，一不小心就陷入专业展示的误区，更多是在谈案环节向客户展示自己的专业能力而忽视了客户实际上是来寻求帮助的。

所以我们经常看到，谈案的时候律师打断客户或者直接告诉客户“不是你认为……，而是我认为……”诚然客户不懂法律，不是法律专业人士，说的一些话可能偏离法律的要求，但客户的这些话语中包含客户的认知、客户的诉求以及期望，谈案律师需要静下心来，先倾听，从倾听中把握客户的诉求、期望或者识别客户误区。

当然除倾听之外我们还需要进一步探究，简单地说就是多听多问。多听是了解客户的诉求、期望，识别客户误区，多问是要多问几个为什么，探察出客户真正想要的是什么。

我们的客户一般都不是法律背景出身，他们对法律的理解更多是基于一些媒体宣传或者自己朴素的认知，所提出的需求有的时候并非自己真正想要。

卓安所的客户运营团队在谈案过程中为了引导客户向律师说出更加准确，没有那么多掩饰、隐瞒、遮盖的详细内容，帮助客户真正谈出核心点，在谈案之前会跟客户签署保密协议，既保证双方的隐私和安全，又能显著提高沟通的效率。

举个简单的例子，前段时间有个客户咨询起诉事项，要求他们公司的一个离职员工赔礼道歉并赔偿损失，这是客户的主动需求，但我们不能不加考虑就沿着客户的思路走下去，而应该再具体沟通“这个员工做了什么事，客户为什么要打这个官司，客户希望打官司给自己带来什么，客户对于官司的费用、时间以及可能出现的结果是否有认识”。后来经过进一步沟通，我们发现就是一件小事，员工离职的时候因为有一笔提成费还没有结清，就在自己朋友圈公开说公司拖欠他的工资，客户看到之后觉得员工冒犯了公司，发布的这个朋友圈消息损害了公司的名誉，所以要和员工打官司。但再进一步沟通我们发现客户这边真实的意图是由于最近公司离职人员太多，需要杀鸡儆猴，减少员工离职率，这才是客户真正想要的结果。

在这个基础上，我们没有帮客户打这个官司，而是重新梳理了一套方案“员工‘维稳计划’”，从组织架构、竞业限制、服务期等方面入手做了一单非诉业务，将原本的打官司变成了非诉法律服务。

这就是我们在处理客户主动需求的时候需要注意的，一定要界定问题，探求客户的真实意图，这样才能在客户谈案的基础上做出有针对性的解决方案。

3. 方案演示

客户购买的法律服务不是法律服务本身，而是客户问题的解决方案。

在客户倾听的基础上，律师通过多听多问基本上能界定出客户的问题和真实意图所在，下一步需要做的就是针对客户问题的解决方案演示。

什么样的解决方案才能征服客户，让客户决定埋单？

从实战来看，这样的解决方案必须满足 3 点：一是方案能解决客户的问题，而且切入点正是客户想要的；二是方案具备落地的可行性，不能仅仅局限于纸面；三是差异化，在客户货比三家之后能显出优势。

第一点，方案能解决客户的问题而且切入点正是客户想要的。

以企业客户为例，在这个环节，律师的目光不能仅局限于企业客户，而应该扩展到企业客户的客户和企业客户的竞品。具体操作层面，我们研发了一份“企业客户需求自检清单”。

首先是梳理法律服务的商业价值，这是法律服务中最容易为客户感知的部分，可以概括为六大价值，包括战略决策、风险控制、争议解决、竞争超越、增值经营、资源对接。从这六点出发，再结合企业需求的三重视角“客户自己、客户的客户、客户的竞品”，通过前述几个环节准备，我们就能选择恰当的方案切入点（见图 4－8）。

企业客户法律需求自检清单

本清单主要用于三大场景：

（1）用于梳理法律客户需求类型，并与目标客户相比照，通过访谈、调研、日常服务更好地挖掘企业客户具体需求，以便于向客户提供定制化的解决方案或者法律产品；

（2）用于更好地提炼现有法律服务/法律产品卖点，更好地与客户问题相融合，在谈案的过程中作为与客户谈案沟通的基础；

（3）用于法律服务产品的优化升级，以此完善法律服务产品，更好地契合目标客户需求。

法律服务 六大价值切入点	客户需求发掘三重视角			法律需求评估 （规模评估+ 急迫度评估+ 感知度评估）
	客户自己 （改善企业运营， 完成 KPI）	客户的客户 （客户开发、客户 满意度、客户忠诚度）	客户的竞品 （竞争优势、差异化、 市场地位）	
战略决策 （参与企业组织架构、股权架构、 决策机制、用工模式等战略层面决策， 为企业提供法律智库支持）				
风险控制 （以企业业务流程、商务交易、监管审查、 财税安全、品牌防控等为对象，发掘其中 存在的法律风险点，帮助企业搭建风险 防控和落地解决体系）				
争议解决 （以企业历史案例研究为基础，帮助企业 搭建纠纷预防体系，并通过谈判、诉讼、 仲裁等方式帮助企业解决已发生的纠纷）				
竞争超越 （关注企业与竞品竞争关系，通过 法律手段为企业赢取竞争优势）				
增值经营 （从类似于企业应收账款、专利维权等 可以给企业带来直接商业价值的点切入， 让客户感受到法律服务的直接商业价值）				
资源对接 （通过律师自身或者律所平台为客户 对接各类资源，为客户带来法律 以外的增值价值）				

图 4-8　企业客户法律需求自检清单

比如印章安全管理，客户因为印章问题找到律师多数是出现了印章纠纷，比如房建企业中的印章私刻纠纷，这类纠纷的方案处理，有过印章纠纷处理经验的律师都能想到，无非就是“识别真假印章，破除表见代理，撇清关联责任”。

但这仅仅是一层，第二层在于需要评估客户的商业模式，看看引发印章纠纷的原因是什么，这是基于客户自身视角的分析。还是以房建企业为例，不少建筑施工公司实际上在做一些“卖资质”的生意，也就是我们常说的挂靠经营。“卖资质”必不可少就会涉及给第三方公司加盖印章。而第三方公司可能因为加盖印章的烦琐而私刻印章，一旦第三方公司将私刻的印章用于往来合同的签订，必然给挂靠的建筑施工公司带来隐患。

这种情况下我们不能仅仅关注建筑施工公司，还需要关注“客户的客户”，即挂靠公司，分析如何设计方案才能规范挂靠公司的用印行为，尽量减少私刻印章的行为出现。

这是第一点，方案要能解决客户的问题，重点不在于方案如何设计，而在于方案的切入点，可以参考“客户需求自检清单”。

第二点，方案具备落地的可能性不能仅仅局限于纸面。

这是不少律师在做方案演示的时候容易被客户指责的部分。

还是以房建企业的印章安全解决方案为例，一般的律师能想到的解决方案就是“房建企业印章制度梳理、印章流程审查、印章管理责任划分以及给房建企业做印章安全和风险防控培训”，但问题在于这些单纯的纸面措施并不能真正落地，即便我们培训做得再好、印章管理制度设计得再好，始终没有办法完全避免房建企业实务中印章发生问题，比如说空白合同、私刻印章、违规盖章等，单纯的纸面措施会让客户觉得我们的法律产品没什么作用。

也是基于落地的考虑，我们才进一步整合资源，将一家专门做智能印章系统的公司拉进来，由我们负责法律板块的梳理，印章公司负责技术层面的设计，而后双方共同帮助企业做印章管护方案的落地部署，最终研发出“房建企业印章安全管护方案”，以这款法律产品向客户做演示，向客户提供真正可以落地的解决方案。

第三点是在客户货比三家之后能显示出优势。

正如上面提到的，现阶段客户找律师并不难，而且不少区域的律所都喜欢扎堆，也给客户货比三家提供了方便。

在律师做完方案演示之后，有的客户比较爽快，当场就能确定下来，下一步会进入签约的环节；而有的客户比较谨慎，不会当场做出决定，而是拿着律师的演示方案再找其他律师，经过对比最后才做出决定。

我们发现后一类客户慢慢多了起来，其实这才是客户的常态，就像我们买东西的时候，如果可以，多数人会货比三家，希望找到物美价廉的东西。

对于这一类客户，谈案律师一方面需要注意考虑同行的解决方案，对比分析我们的演示方案中有哪些是特有的亮点，可以在演示的时候重点说明。还是以前述“房建企业印章安全管护方案”为例，相较于其他律师的方案，这个方案最大的亮点在于“法律+技术”，可以实现落地部署。因此在方案演示的时候，这些东西是要重点说明的，最好能让客户记在心里。另一方面是服务团队或者服务律师的展示，这是演示方案中必须有的环节。具体方案也许很难做出差异化，但人是不可替代的，在方案差异不明显的时候，就可以强调服务团队或者服务律师的特色，以此建立起和其他律师之间的差别。

4. 报价技巧

方案演示之后一般都会进入报价环节，一般的报价方式有3类：成本报价、价值报价和综合报价。

成本报价更着眼于成本考量，站在传统的律师视角，因此我们看到法律服务的报价多采用“成本+收益”的报价方式，律师（团队）更关心自身在案件或者项目上投入的时间和人力，而且多倾向于采用“高报价+工作量核算”的方式。比如行业中习惯的“计时报价”就是一种典型的成本报价方式。

价值报价是一种基于客户视角的报价，将解决方案部署带来的收益与未部署解决方案产生的损失做对比，按照能给客户减少的损失或者带来的收益作为价格锚定。一些可以给客户带来直接收益或者降低损失的业务，如税酬业务、执行业务、止损类诉讼都可以采用这种报价方式，类似于行业中经常采用的风险代理报价。

价值报价也可以按照成功案例报价清单做价值报价展示。比如我们目前采用的报价方式多是价值报价，而且是对比型的价值报价，是将洽谈案件与之前的类似案件做对比，让客户可以看到我们为同类案件带来的具体价值，而后我们参考同类案件的报价做上下浮动。

不过想要实现这点就需要对成功案例做梳理，需要能很快从成功案例中筛选出适合客户的案例，这点在法律产品报价上尤为明显。

综合报价是指在没有价值核算方式或者成功案例报价清单的情况下，将解决方案拆解，采用多种报价方式。

以常法服务为例，我们一般将常法方案拆解为“基础常法服务 + 专项常法服务 + 增值常法服务”。基础常法服务即法律产品中的通用模块，因为成本可控，采用打包报价；专项常法服务是以法律产品的方式向客户提供解决方案，多采用价值报价的方式；增值常法服务因为需要满足客户定制化要求，但无法做价值核算也没有参考样本，多采用成本报价的方式（见图 4 –9）。

基础常法服务

产品	服务内容	交付成果	服务价值	负责人
法律体检	1.公司治理体检 2.人力资源体检 3.合同管理体检 4.综合体检，提出应对方案	1.企业法律体检清单 2.《公司治理体检报告》 3.《人力资源体检报告》 4.《合同管理体检报告》 5.《综合体检报告及应对策略》	对您企业的公司治理、人力资源、合同管理等模块进行一次全方位的体检，分析企业存在的法律风险，哪些法律风险随时可能爆发，哪些法律风险的爆发会比较滞后，采取相应的措施予以化解	
合同审查	1.调研合同交易背景及目的 2.合同风险排查 3.合同管理风险分析 4.合同管理制度搭建	1.合同审阅版word版本 2.合同审阅版PDF版本 3.合同清洁版	从法律角度全方位对您的合同进行风险的识别与判断，包括但不限于了解对方的基本工商信息，了解对方是否存在，注册资本是多少，是否涉诉；审查交易结构的合法性；完善违约责任、权利义务、争议解决等核心法律条款，为整个交易的成功和风险控制保驾护航	
法律咨询	1.日常法律咨询 2.专题咨询	《法律咨询意见书》	30分钟回应、12小时内作答。我们将综合运用法律知识、经济知识和实务技巧，结合企业的经营模式、财务状况、市场影响、行业特点等具体情况提供法律意见，重大咨询问题给您出具《法律咨询意见书》，透彻地给您分析和预防法律风险	
律师函	1.了解案件、审查资料 2.起草律师函初稿，交客户审阅 3.律师、客户商定终稿	1.律师函初稿及终稿 2.律师函邮寄面单 3.律师函签收情况打印件	当您与合作方产生争议或纠纷后，您可以委托我们发送律师函，律师函的作用主要包括三方面：第一，明确我方诉求；第二，表明律师已经介入该争议的处理；第三，为以后可能产生的诉讼准备证据	
法律培训	举办的股权类、劳动法、税法等相关课题的讲座，培育企业，提升风险意识	法律培训、法律讲座定向邀请函	快速获取法律专业知识和法律实践经验，采取必要措施防范法律风险。同时，也让企业了解更多最新的法律资讯，开拓企业管理的思路	

专项常法服务

产品	服务内容	交付成果	服务价值	负责人
劳动人事系统性规范	1.企业劳动用工风险全面排查 2.企业用工重要文件审查 3.企业用工风险合规文件库 4.企业风险处理能力提升	1.《劳动风险排查报告》 2.《劳动人事规范方案》 3.全套劳动文书	人力资源是企业法律风险最高的部分，也是成本最高的部分，我们帮助您对人力劳动进行合规规范，最大限度降低风险，同时降低人力成本	
合同管理系统性规范	1.合同管理制度建立 2.模版合同审定与更新 3.合同管理实施在线课程	1.《合同管理制度》 2.全套合同模板	除了日常的合同审查，帮您建立一整套合同管理机制，并培训相关人员，提供一整套定制合同模板，持续性的对合同进行合规管理	
财税优化系统性规范	1.企业税务风险合规排查 2.企业涉税管理制度建立 3.企业用工成本优化培训 企业税务筹划培训	1.《涉税咨询意见书》 2.法税同审文书审阅版 3.《财税资讯报告》	我们将给您配备一支专业财税顾问团队，通过财税风险评估，及时反馈财税风险情况，随时响应您对财税服务的需求	
知识产权系统性规范	1.知识产权合规风险排查 2企业知识产权台账处理 3.公司知识产权管理规范及新产品预先保护流程 4.企业知识产权确权文本 5.知识产权战略管理咨询	1.《知识产权合规报告》 2.知识产权规范文件	帮助您企业的知识产权确权、布局、维权和运营，全方位保护知识产权。发挥知识产权的应有价值，提高企业的生命力	
公司治理系统性规范	1.股权架构设计与股权分配 2.员工及高管期权激励方案 3.建立公司股东会、董事会和监事会议事规则 4.公司章程审查	1.《股权架构合规报告》 2.《公司治理方案》	公司的股权结构决定着公司的未来，我们帮您厘清股权结构与公司决策方式，进行法律分析后出具公司治理方案，并落地实施	

图 4 –9　常法方案

不过在实战操作上，上述的3种报价方式仅仅是报价，最终价格的确定还需要讨价还价，这是一个双方博弈的过程。

在价格博弈的过程中有几个技巧可以考虑：第一，前文提到的安排两人谈案，一个主谈律师，一个辅助人员，报价由辅助人员提出，并由其与客户沟通初步的价格，而后汇报给主谈律师，由主谈律师给予一定的优惠，相当于辅助人员唱白脸、主谈律师唱红脸，需要双方配合。比如卓安所的客户运营团队会在主谈律师根据案件难易程度、工作量以及客户对律师等级的需求报价后，由客户经理跟客户详谈，对方案做好完备的解释，为客户做好方案的调整，一来是保证客户能找到匹配自己的律师和服务，二来也让客户与律师能顺利达成委托。第二，要让客户有占便宜的感觉。想要让客户有占便宜的感觉，首先需要做价格锚定，比如我们刚刚提到的类似成功案例的报价，实际上就是在为客户做价格锚定，让客户的心理报价围绕类似成功案例的报价上下浮动。这就好比买汽车，奔驰给客户的价格锚定是高端车，一般都在几十万元上下，客户心理会对这个价格有一定的预设；而比亚迪给客户的感觉是家用代步车，多数在十几万元甚至几万元上下，这也是客户的价格锚定。因此，我们很难指望比亚迪卖出奔驰的价格，这就是价格锚定在起作用。同时还有一些因素，比如谈案的环境、律师的代步车辆、律师的服饰，都在一定程度上影响客户的价格锚定。价格博弈很大程度上就是给客户设置价格锚定，而后在锚定的基础上做一些浮动，让客户产生占便宜的感觉，这样才能更好地形成双方都接受的报价。第三，律师自己的定力。不少律师之所以能收取高额的服务费，很大程度上取决于自身的定力，即给自己设定一定的价格底线，低于这个价格的案件一概不接受。而谈不上价的律师每每失误的原因就在于定力不够，一次一次地突破价格底线，给了客户还可以再低一点的体验。

以上是我们在实战中总结出的一些价格博弈技巧，不过具体运用的时候还需要结合客户的性情、案件复杂程度以及谈案人员技巧综合考量，毕竟报价也是一门技术。

5. 排除顾虑

价格敲定之后还有一个重要的环节需要考虑，就是需要排除客户顾虑。

一般来说客户对委托律师有一定的信任度，否则就不会委托，但客户又不可能完全信任，有一定的顾虑，客户会考虑“委托律师会不会尽心、委托律师是不是真如展示的那么优秀、会不会出现对方找关系等不可控事件”。由于这样的顾虑，客户可能会问到“这个案子到底能不能赢、案件结果大概什么情况、能不能把钱拿回来”。

这些都是客户的顾虑，出现这种顾虑不是因为不信任律师，而是因为人之常情，毕竟一项法律服务对律师来说可能仅仅是一份工作，而对客户来说有可能关系身家性命，客户有一些顾虑很正常。因此律师在谈案的时候一定要注意排除客户顾虑。

首先，要善于识别客户顾虑。有些客户虽然内心有顾虑但不一定说出来，这个时候需要通过一些迹象去做客户顾虑识别。比如有的在客户谈案的时候很少说话，在律师问到的时候才会说，谈案结束的时候往往说再考虑考虑。实际上这类客户很容易流失，就是因为其对律师的顾虑已经形成。如果律师放任不管，不做跟进，这类客户肯定会流失掉。这就要求我们一定要对和客户谈案的过程做记录和复盘，看看谈案过程有哪些问题，会引发客户的哪些顾虑，在识别的基础上才能排除客户顾虑。

其次，不要回避或者忽视客户顾虑。比如客户经常问到的能不能赢，不少律师说最好的技巧就是不承诺结果，当然这对律师来说是最安全的，但这仅仅是回避了客户的顾虑而没有排除客户顾虑。我们一般的处理方式是作“类案报告”，不是向法官提交的类案报告而是向客户作出说明的类案报告。以类案报告作说明，向客户分析案件可能出现的结果，让客户看到有利的一面，也不需要向客户隐瞒不利的一面，以建立客户对案件结果的有效预期。

再次，需要给客户排除顾虑的证据。正如前面提到的类案报告就是给客户排除顾虑的证据，除了这些之外，律师之前做过的成功案例也是很好的证据。因此我们在辅导律师的时候会特别注重对成功案例的收集整理，在谈案的场景下，成功案例就能起到排除客户顾虑的作用。

最后，注意与客户保持沟通，让客户对案件进度有一定的掌控感。不论是诉讼还是非诉案件，保持与客户沟通都是非常必要的。以诉讼案件为例，诉讼案件的推进实际上因为各种各样的因素，会出现可预期和不可预期的情况，导致案件的实际发展与我们之前和客户沟通的方案出现偏差，这个时候就需要及时与客户沟通做调整。同时与客户保持沟通，也让客户能参与进来，使客户保持对案件进度的掌控感，我们再借助这种掌控感排除客户的顾虑。

6. 督促签约

通过上面的流程，我们基本上能与客户达成协议，但口头上的协议远不如书面协议来得踏实，因此一般谈案之后能让客户当场签约的都尽快督促客户当场签约。

当谈案人和决策人不是同一人的时候，尤其是企业客户，我们需要再进一步跟进按照企业决策体系，最终形成与企业决策人的签约。

在这个阶段，我们也形成了一些实战小技巧。

一是要跟进客户台账。我们实务中会要求律师在谈案之后及时将与客户的谈案记录上传到客户管理系统，包括谈案形成的笔录、解决方案以及对客户的描述都需要记录到系统，而后安排专门人员做客户跟进，并及时督促客户签约。否则，日久生变，很容易在这个不经意的环节导致“煮熟的鸭子飞走了”。

二是通过签约仪式倒逼客户签约。实务中我们一般在和企业客户谈案之后会举行一个签约仪式，一方面是将签约做出仪式感，并将其活动化，方便以此作为品宣素材。比如和一些有影响力的客户举行签约仪式，很大程度上可以带来“老带新”的效果，对客户、对律师都是一次品宣机会。另一方面更重要，签约仪式实际是在倒逼客户签约，以签约仪式的时间点作为我们和客户签约的时间点，相当于双方都将签约仪式列上日程，保证我们与客户签约的顺利进行。

三是注意签约后的回款。很多时候客户的签约和回款是在两个时间点，这就导致不少客户签约之后没有很顺畅地回款，遇到这种情况参考“跟进客户台账”，需要专门的人及时跟进客户，最好在签约次日就趁热打铁跟进客户回款，而且对客户回款的跟进也可以采用先礼后兵的办法。客户签约之后即安排人员开始进行方案的落地部署，造成既定的事实，并在和客户推进落地部署的过程中跟进回款。这点在诉讼案件中尤为常见，我们经常看到不少客户实际上是在开庭之前才能真正地回款，律师就是需要利用一些特殊节点跟进客户回款。

当然，极个别客户在第一次面谈后就签约，在客户离开律所的时候律所可以给客户准备一些有用的内容，比如卓安所就有送别的内容，包括“犯罪嫌疑人及家属须知”、《案件分析报告》等，最有特色的是一封《首席律师给客户的一封信》，体现了律所的专业和文化，对客户的理解。

七、客户关系维护

客户关系维护以及后续的客户推荐管理，是针对已签单客户的管理，或者说是针对存量客户的深度开发，对律师来说开发存量客户要远比开发增量客户更加容易。

对存量客户的案源开发有两个方向，即一个纵向和一个横向。一个纵向是深度挖掘存量客户的需求，并以法律产品的方式做存量客户的增值开发；一个横向是最后一个板块“客户推荐管理”的内容，主要借助品牌影响力，建立老带新的案源开发机制（见图 4－10）。

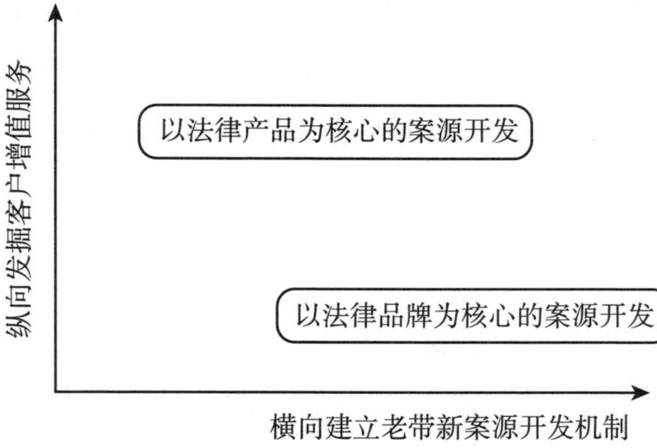

图 4－10　对存量客户案源开发

对存量客户的案源开发，我们在实战中总结出的打法是先盘点内部存量客户，并建立客户信息库，安排专门的人员研究客户信息，在客户信息研究的基础上研发法律产品，以法律产品为引领，开发存量客户的增值服务。

不过在具体的实战中并不像上面说得那么简单轻松，有不少的障碍和问题需要解决。例如，目前对存量客户的开发更多是在律所层面，律师团队或者律师个人大量时间为业务占据，很难有空闲可以做存量客户的开发；又如，对存量客户的开发周期比较长，这是一种以法律产品为核心的开发方式，不同于主被动案源开发，见到成效需要一定的周期；再如，运营的问题，存量客户开发是一个强运营的工作，需要运营人员和业务律师的深度配合才能真正实现对存量客户的增值服务开发。

我们也在具体实战的时候形成了“一个中心和两个基本点”的打法。

这里的一个中心实际上是指“客户运营中心”，简单地说就是要在律所尤其是规模律所内部建立“以客户为导向，以产品为引领，以运营为辅助”的运作机制。

相应地为了实现客户运营中心的目标，需要两个基本点做支撑。这两个基本点一个是“对外整合客户资源”，盘点内部存量客户，并建立客户信息库，安排专门的人员研究客户信息，在客户信息研究的基础上研发法律产品，以法律产品为引领，发掘存量客户增值服务；另一个是“对内整合律师资源”，促成内部律师/团队专业化，并建立交叉业务合作机制，实现律师/团队之间的客户共享、业务互补、合作创收。

首先是对存量客户信息盘点，搭建客户信息采集系统，这是在律所层面需要完成的工作。一般来说律所（非一体化律所）经过多年的努力一定会积淀一定规模的存量客户，但问题在于这些存量客户太分散了，分散在各个律师团队、各个律师手里，而且这些客户很难会被愿意拿出来作为律所的公共客户。对于这点最直接的一个表现就是律所内部在采集客户信息的时候只能采集到客户名称、业务标的、业务类型，想要再深一步了解这些客户的信息就很难实现了。依靠仅有的这些客户基础信息，自然也很难建立起律所内部的客户信息管理系统，更谈不上建立客户运营中心。

在这点上我们不能对律师/团队要求过高，毕竟这些客户是律师/团队赖以生存的资源，但律所内部又需要进一步整合客户资源，以便更好地辅助律师/团队深度开发客户，保障律师/团队的长远利益。

要解决这个问题其实也很简单，关键在于在律所内部部署统一的客户信息采集工具，让律师在与客户互动、业务、交流的过程中自然地沉淀客户信息，进而搭建起律所内部的客户信息系统。

这样问题的关键就转为如何部署一套能为律师/团队用起来的客户信息采集工具，并能适时实现客户信息的积累。

对于这种工具有的律所在自主做研发，比如瀛和律所正在推广的 KindleLaw，有的律所希冀借助内部的 OA 系统做部署。我们选择的是第三方工具，而且是基于律师的工作习惯做的工具部署，形成了一套动态客户信息采集系统（见图 4 – 11）。

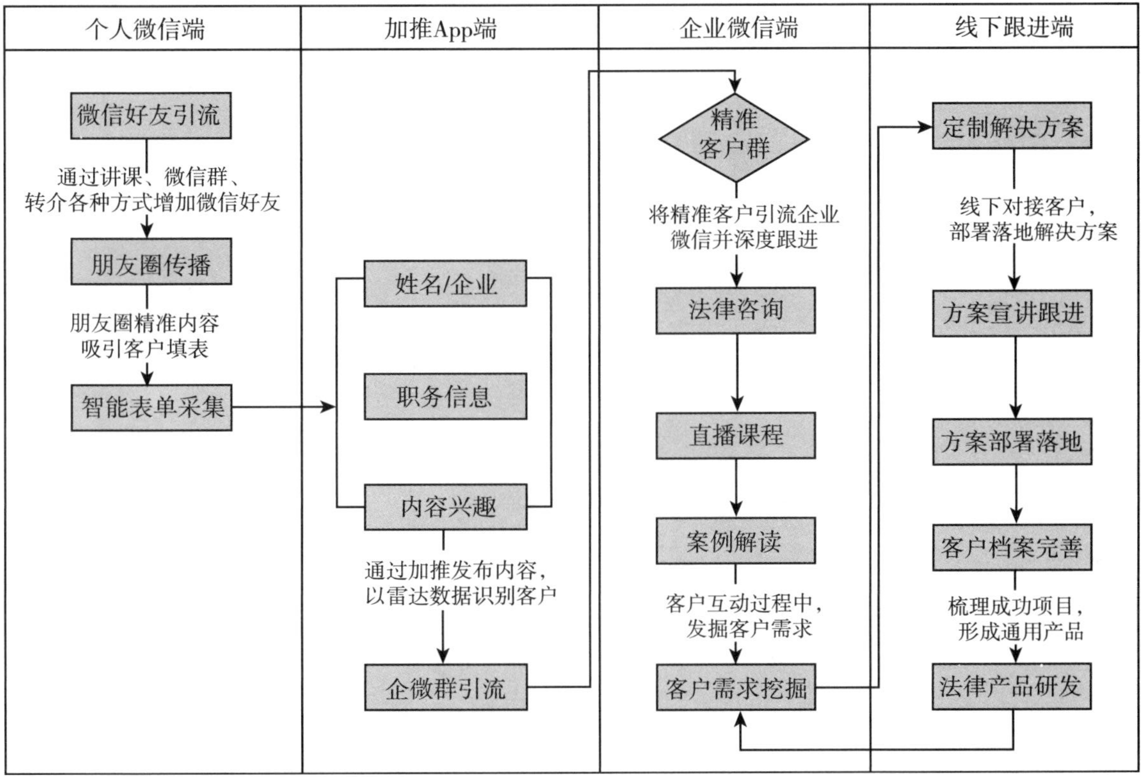

图4-11　动态客户信息采集系统

该系统基本上由律师个人微信、加推 App 以及企业微信组成，借助企业微信的功能模块搭建起初步的客户信息采集系统。

其次，梳理客户信息，发掘客户法律需求。

客户信息采集仅仅是第一步，动态的客户信息会逐步积淀，积淀之后需要对客户信息做进一步的结构化梳理和分析，这点是客户信息管理系统的核心。目前因为人员有限，我们只能从大量的客户中盘点、选择，筛选出重点客户，并按照“一企一卡”（企业客户）的模式梳理客户信息，在客户信息梳理的基础上进一步研究客户，最终实现对客户法律需求的洞察。

不过当下这一步我们还无法实现系统化、智能化，需要部署对客户需求挖掘、对法律产品熟悉的运营人员以人工的方式去梳理。

在梳理的过程中有四个板块需要重点做梳理：一是企业内部的决策体系，通过决策体系的梳理可以了解企业内部决策环节涉及的具体人员。二是企业的商务信息，包括企业内部的年度规划、预算规划、各个部门的 KPI 指标、企业内部的重点关注项目、企业的竞品以及企业的客户。这些商务信息是企业需求洞察的基础，通过分析商务信息找出法律与企业的契合点，从而实现用法律帮助企业成功。三是对企业商业模式、盈利模式的梳理，可以帮助律师/团队在宏观层面梳理企业的商业架构。四是法律需求洞察是信息梳理的落脚点，也是我们后续研发法律产品的起点。

再次，搭建企业外部信息库，完善法律需求洞察。

做到这个阶段仅仅是完成了对具体客户信息的梳理，客户法律需求的产生一方面是由于自身业务推动，另一方面来自客户所处的地域、行业以及客户监管政策和监管环境。

基于这个考虑，我们还需要在客户内部信息的基础上再进一步建立企业外部信息库（见图 4－12），通过监测、分析企业的行业环境、外部政策、竞争态势进一步完善对企业的法律需求洞察。

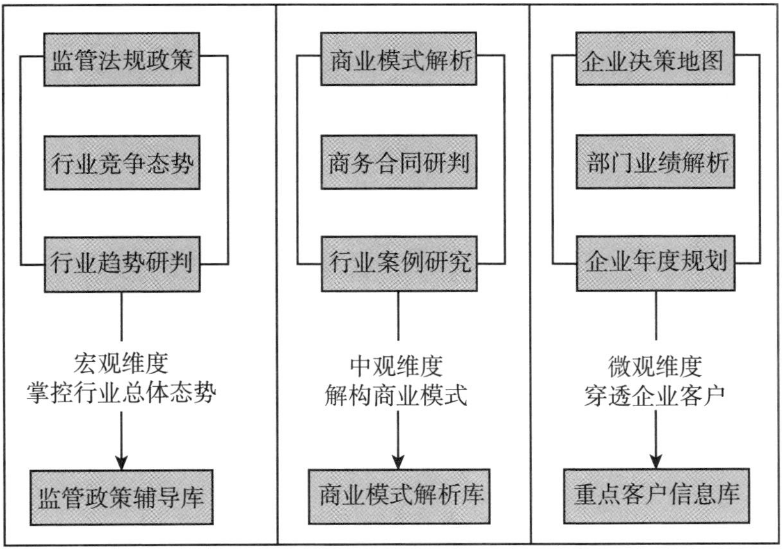

图 4－12　企业外部信息库

最后，在需求洞察基础上研发法律产品。

最后一步就是在客户需求洞察的基础上研发法律产品，不过需要注意的是针对重点客户尤其是大型的客户需要进一步细化，形成重点客户产品体系规划见图 4－13，按照引流产品、利润产品、增值产品 3 个体系设计。对于产品设计的方式我们在下面的表单中也做出了初步的规划，有助于运营中心落地法律产品研发。

行业法律产品体系规划表									
内部资料									
第一层级：引流产品									
（发掘客户实际业务中遇到的小问题，并建议与第三方机构合作，形成整体解决方案）									
客户需求	需求描述	目标客户	客户现有解决方案	商业画布	匹配产品	匹配课程	匹配手册	匹配文本	备注
第二层级：利润产品									
（在第一层次产品的基础上建立起客户信任关系，进一步设计常法、专项等利润产品，实现客户的创收转化）									
客户需求	需求描述	目标客户	客户现有解决方案	商业画布	匹配产品	匹配课程	匹配手册	匹配文本	备注
第三层级：增值产品									
（在与客户建立长期合作关系的基础上，进一步挖掘客户需求、陪跑客户成长，并形成专项或者诉讼等增值法律服务）									
客户需求	需求描述	目标客户	客户现有解决方案	商业画布	匹配产品	匹配课程	匹配手册	匹配文本	备注

图 4－13　重点客户产品体系规划

经过了这四步实际上我们已经初步完成对客户资源的整合，并形成了跟进客户的法律产品。但法律产品不会自动转化为律所创收，还需要律师和运营人员进一步协作，将法律产品向目标客户做部署，通过法律产品解决客户的问题，并实现创收的增加。

在这个过程中，就需要以产品为引领，组建项目小组，以项目小组落地法律产品。这实际上也是整合律师资源的过程。

以我们辅导的汽车律师团队“客户投诉处理专项产品”为例，这个产品涉及消费维权、企业舆情监测、合规设计、争议解决等多个层面的内容，产品推广需要先做存量客户的整合，筛选出各地分所、团队、律师手头已经掌握的汽车企业，而后联合做产品推广，推广之后的落地部署同样也需要专业的律师深度参与。这就是以产品为核心的律师资源整合过程。

综上，一个中心是核心，两个基本点是方向，双方共同形成以客户为导向的存量客户案源开发机制。

八、案源推荐管理

对于客户推荐管理或者“老带新”的案源开发模式，互联网行业较多提及，比如裂变增长、粉丝经济、团购模式等，但这些模式在律师行业很难用起来。首先法律服务不是日常消费品，客户也不会经常和律师打交道，而且一般认为和律师打交道并非好事，这导致客户轻易不会向别人推荐律师；其次，对特定客户来说，法律需求就是偶发的，客户并不知道什么时候会发生，所以别人即便想推荐也未必能找到合适的机会。

这种情况下要让存量客户“老带新”推荐新客户，显然不能参考互联网行业那套做法，需要结合律师行业的情况，建议使用以法律品牌为核心的案源开发机制。

简单地说就是将你的品牌变成客户记忆，让目标客户在发生法律需求的时候第一时间想起你（律所、团队、律师），而且不只是自己的法律需求，更多是客户的朋友、同行、家人以及客户的客户的法律需求。

这点实际上在私域流量运营环节已经涉及了，就是与存量客户不要止于客户关系，而是要将存量客户变成你的熟人、变成你的朋友，形成和存量客户之间的伙伴关系。

这点有些类似于《值得信赖的顾问：成为客户心中无可替代的人》中描述的，刚开始，我们和客户之间更多是专业律师和付费客户之间的关系，向客户提供的也仅仅是专业解决方案，帮助客户解决问题。但如果仅限于这一步，恐怕很难让客户主动帮我们推荐案源，客户更多是觉得律师还不错，能否进行推荐更多取决于客户的心情和满意度（见图4－14）。

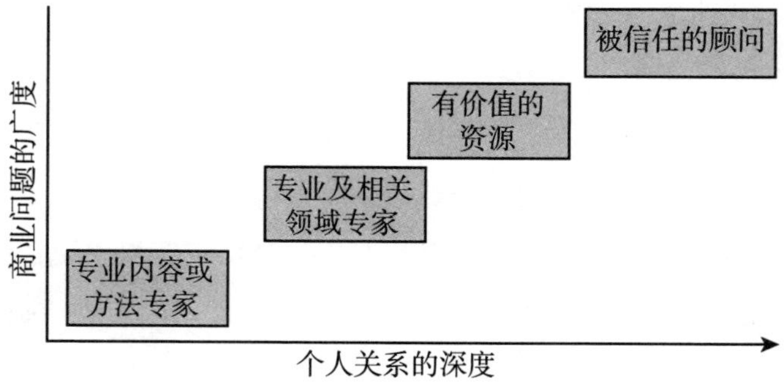

图4－14　专业服务的发展

资料来源：《值得信赖的顾问：成为客户心中无可替代的人》

这个时候需要律师进一步发展与客户之间的关系，建立客户对律师专家形象的品牌认知。这就需要不断和客户互动，并形成内容的长效生产机制，向客户推送其感兴趣的专业内容，邀请客户参与培训沙龙等活动，组织和客户之间的互动拜访，在专业服务之外进一步形成客户对律师专家形象的认知。

此时候其实已经具备了老带新的基础，客户基于利他的考虑，会在自己的圈子发生法律纠纷的时候第一时间推荐你。

不过这个阶段的推荐还只是零散的推荐，远不是我们想要的老带新的长效机制。我们还需要再进一步和客户做资源互换。我们一直说律师这个群体是一个天然的资源中心。律师的客户之间本身就有很多交叉合作，完全可以以律师为中心进行商业资源、商业合作的撮合。实际上当前不少律师已经在做这样的事情了，比如我们辅导的新消费行业的团队，在开发新消费行业过程中就有过将品牌公司、生产企业、零售商进行商业合作撮合的经历。

一旦我们可以和客户之间建立资源互换的关系，实际上我们就已经将客户发展为了我们的案源开发人（事业合伙人），这个时候我们一般会和客户签订《战略合作协议》，建立战略伙伴关系。

这有点类似于案源线索阶段提到的“第三方合作公司”，是可以持续给我们介绍新案源、新客户的老带新长效机制。

不过不是每个客户都适合进行这种战略合作，我们一般会筛选和客户同类的目标客户，相互之间没有利害关系或者竞争关系，两方的业务还有一定交叉，主要是和企业客户建立这种战略合作关系。

比如我们在辅导常法团队的时候，多会从管理咨询公司、人力资源服务公司、企业代账公司、信息系统公司以及一些法律服务公司中做选择，建立和它们之间的战略合作关系，并借助他们已有的存量客户、市场团队和营销能力，形成老带新的长效案源开发机制。

5

第五章
案源开发落地保障

前面几章基本上都是关于案源开发的理念、模式、规划和技巧，但这些东西更多是停留在纸面上，没有真正转化为实际的创收，主要在于还缺乏 3 个很关键的要素：人的要素、钱的要素、管理因素。

一、案源人员保障

在辅导律师做案源的过程中，我一直强调一句话，“做案源的设计规划很容易，真正难的地方在于落地，而落地需要合适的人来执行”，具体到律师行业，开发案源最大的问题就在于谁应该是案源开发工作的第一责任人，我们讨论的结果是律所主任（包括律师团队负责人）是律所案源开发的第一负责人。

原因很简单：

第一个层面，一般来说能做到律所主任这一级别的律师，手里掌握的客户资源是比较丰富的，在律所有足够的权利调动人员和资源，更重要的是律所主任的支持程度直接关系到案源开发工作的成败。从业内来看，律所层面案源开发做得好的，无论是在家理、恒都还是天同，几乎都有主任在一线忙碌的身影，主任以自身的背书和影响力为律所案源开发撑台面。

当然也有人会说：这只是一些个例，律所主任去做案源开发，那么主任的业务怎么办？而且不少律所主任的创收在律所创收中占比相当高，主任不做业务做市场，律所创收怎么办？还有更重要的一点，律所主任愿意做案源开发吗？案源来了，怎么分配，主任如果得不到与其付出相匹配的分配，主任为什么要做？还有一种情况，律所主任真的擅长做案源开发吗，一个好的律师可以当主任，但能当好律所案源开发的第一负责人吗？

这些问题很现实，也是我们和律所接触的过程中被问到最多的问题，但我们想说的是不会做案源的主任不是一个好律师。

对一家律所来说，主任实际上是一个岗位而非对外的职务（title），更不是律师希望对外获取业务的名头，主任岗位需要承担的职责就是把控律所整体层面的发展。而在整体层面发展中，核心的问题首先就是案源和品牌问题，其次是人员配置问题，再次是客户维系问题，最后是业务承办问题，当然还包括律所行政、财务、对外关系、律协管理、律所党建等诸多工作。

说句实话，从我个人的感受来说，做主任真是一件吃力不讨好的活。

所以有一次我发了一个朋友圈调侃：律助做不好的可以做律师，律师做不好的可以做主任，连主任都做不好那只能做市场运营了。

但实际上这些问题是很容易解决的，一个主任不行，那么两个主任行不行？

一个主任对内，负责律所业务承办、律所行政、财务、律协管理、律所党建等工作，是律所内部的管理岗主任。

一个主任对外，作为律所执行主任，主要承担律所案源和品牌职能，负责人员配置、客户维系、战略发展问题。

这样配置，就避免了主任过忙，甚至顾不上自己的业务的情况。当然对于执行主任，也不能让他单兵作战，还得给执行主任配套有效的案源团队，才能让执行主任重点关注宏观层面的市场策略、品牌定位、战略发展问题。

第二个层面，让律所主任（主要指对外的执行主任，下文不再说明）作为案源开发工作的第一负责人，是因为律所市场工作的启动需要借助主任已有的客户、业务领域或者个人品牌做“案源开发冷启动”。

实战工作中，我们做案源开发最容易陷入的一个误区就是什么都想做、什么领域都想涉及，但问题在于初期能调动的资源、匹配的人员是很有限的，与有限的资源、人员相反的是案源开发被寄予很大的期望，大家都期望能彻底解决案源的困扰。这样的反差会导致案源开发的参与人员很尴尬。

权责利不匹配，案源开发冷启动困难。

这个时候解决办法也很简单：聚焦、聚焦、再聚焦，在执行主任已有的客户、业务领域和个人品牌上打主意，摘取最容易拿到的低垂果实。

比如之前我们辅导陕西哲勤所做案源开发，刚启动的时候并非各个领域都涉及，而是精选了细分的钢贸法律服务领域，主打律所主任夏祥钢律师的个人品牌。原因也很简单，夏祥钢律师在钢贸领域已经积累了十年的业务经验，有了一定的品牌效应，这帮助夏律师将钢贸业务从原有的口碑介绍获案转变为市场方式的“长效案源获取机制”，并发掘已有的重点客户，形成“重点客户案源推荐机制”，进一步扩大夏祥钢律师的个人品牌，塑造其钢贸行业法律专家的品牌内涵。

但想要实现上面的工作，夏律师的深度支持和深度参与是必须的条件，否则没有他的深度参与和支持，仅仅依靠市场部门的几号人是很难做出成果的，更谈不上快速见成效。

也正是因为有主任的深度支持和参与，所以我们在冷启动阶段就有足够的资源、客户基础、品牌条件发起一场大规模的主题论坛，即“第一届中西部钢材贸易法律服务高峰论坛”。通过这场有效的活动，让大家看到市场工作的一点效果。

最后一个层面，因为案源开发是牵一发而动全身的战略工作，绝非一年做几场活动、搞几期课程或者发几本手册就能做好的，需要在律所发展战略层面得到认可和支持。

案源开发工作既需要案源人员，也需要业务律师的配合；既有律所品牌定位层面的考量，也有品牌定位如何具体推进的问题；最为重要的是客户，客户是由案源人员去开拓和对接的，后续的客户维系也是由案源人员主导，对习惯于各自为战的律师来说，这在一定程度上会引发他们的不安，律师也许会觉得没有客户就变成法律民工了，这些情绪和看法都需要去做调和。

从上面的描述我们不难看出，如果没有执行主任层面的支持和参与的话，这些问题是很难得到很好的解决的。

从我们自身的实践来看，做了这么长时间的律所市场工作，也不时有同行过来交流，但交流归交流，模式、方法固然可以学习，若律所主任层面的支持和参与问题不解决，律所的市场工作能否实现冷启动就是一个未知数。

因此，案源开发想要做好，先从律所主任身上下功夫，这点也是我们从实践中一个坑一个坑跌出来的经验。

这是在传统律所、传统团队做案源开发的人员保障，再进一步我们的打法就升级为给律所主任、高级合伙人、团队负责人配案源开发助理，协助他们先从自己的老客户、已经验证有效的渠道做案源开发，也能保障短期内就能见到案源开发的效果。

而到具体的团队层面，我们更倾向于参考“华为铁三角”的模式组建更有效的案源开发团队。这种模式更接近律师团队的实际情况，对律师团队人员按照其擅长的工作做出角色分工，并在角色分工的基础上设定一定的工作职责和衔接机制，形成团队层面案源开发的人员保障。

以我们辅导的四川泽珲律师事务所的成都锦瑟团队为例，成都锦瑟团队目前的团队架构就是“铁三角”的模式。

第一类角色是市场人员，因为婚家团队瞄准的是女性客户，在人员选择上锦瑟团队主要选择有一定人脉资源，并具有良好的亲和力的人员担任市场人员，负责挖掘案源线索和邀约客户谈案的工作。

第二类角色是谈案律师，背负的核心指标是谈案成功率，一般会选择团队中的资深律师，其具有丰富的谈案经验。而且锦瑟团队一般要求谈案律师具有心理咨询师资质，这是因为和女性客户的谈案不仅仅需要解决法律问题，还在一定程度上需要疏解女性客户的情绪，这也是提升谈案成功率的方法之一。

第三类角色是办案律师，负责婚家案件的具体办理，一般要求这个角色具有丰富的出庭经验，能吃苦耐劳，主要因为婚家案件有大量的工作需要做前期的家庭财产尽调。

三类角色的划分基本上是按照前述模式，但角色划分不是重点，重点是三种角色人员的统一和衔接。

大家应该可以看到铁三角案源团队角色的划分是从挖掘案源线索开始的，而按照案源开发实战流程，在案源线索发掘之前还有目标客户获取、信任关系养成、客户关系维护、案源推荐管理的环节，似乎铁三角的模式并未覆盖案源开发的全部流程。实际上对律师团队而言，部分工作适合分配到某个或者某几个具体的人员身上独立来做，但类似于目标客户获取、信任关系养成、客户关系维护、案源推荐管理等工作基本上都是全员参与的工作，没有必要分配给具体的人员负责。

此外，虽然我们按照铁三角的模式做了团队内部人员角色的划分，但三种角色之间的关系是相互影响、相互衔接的，任何一个环节做不好都会影响下一个环节的效果，铁三角之所以是铁三角，很大程度上需要三种角色相互配合工作，比如铁三角需要在目标客户上达成共识。还是以成都锦瑟团队为例，首先目标客户是女性客户且第一批次开发的女性客户为“高净值女性客户”，这是铁三角三方都必须达成的共识。其次客户导向贯穿于铁三角工作的始终，这点集中体现在锦瑟团队法律产品驱动的案源开发模式上。市场人员挖掘出案源线索后，通过法律产品邀约具体客户，邀约过来之后以法律产品为核心形成对客户的解决方案，之后再由办案律师部署落地解决方案，三类角色借助法律产品相互衔接。最后也是关键的一点，三类角色实际上也对应了相应的分配方式，按照案源线索、谈案签单、业务办理三个环节做比例分配。虽然不算是太科学的分配方式，但对于案源流程的推进和协同会起到促进的作用。

二、案源费用保障

案源开发落地的第二个保障是费用保障，说白了就是愿意投入多少钱做案源开发。既然说到钱的事情了，肯定涉及算账。相对来说律师这个群体还是比较精细的，不过有的时候在案源开发上的账目没能算好。

一般的核算方式是收益大于成本。比如，律师同行转介过来的案源，一般需要支付15% ~30%的案源费，这笔案源费是案源的直接费用，但除了这笔直接费用之外还包括业务成本的间接费用。两笔费用合计沟通案源的成本，而后与案源收费相对比做出核算。这是多数律师常用的核算方式，但这种核算方式其实忽略了几个关键因素。

第一个关键因素是客户的复购。正如我们一直提到的，获取一个客户不容易，我们应该深度开发客户而非做一锤子买卖，而深度开发的表现就是客户的复购。还是以律师同行转介过来的案源为例，假定同行转介过来一个离婚诉讼案件，第一期的收费是 6 万元，按照 15% 的标准支付案源费用，即 9000 元，而后投入 2 位律师（1 位资深律师 +1 位初级律师）具体承办案件，承办人员收费占比 40%，即 24 000 元，成本合计 33 000 元，剩余收益 27 000 元。如果这个客户对团队诉讼服务比较满意，并且在诉讼服务结束之后还涉及家庭财产的管理，需要做家庭财产和企业财产隔离的专项服务，专项服务收费 15 万元。团队再进一步深度跟进该客户，后续还会衍生出一些法律服务项目，又有一批收益进账。

这个时候我们再来看，相对于客户带来的总体创收，前期获取客户的成本并不高。

第二个关键因素是沉没成本。正如我们在前文提到的案源开发实际上是一个长线工作，律师平常的核算起点是案源线索发掘，核算的是已经形成的有效案源线索，甚至是已经谈案签约的有效案件，而对于案源线索发掘之前的目标客户获取、信任关系养成以及后期客户关系维护、案源推荐管理都没有纳入核算范围。但这些工作实际上更重要，是案源线索发掘、谈案签约的基础，而且这些工作也很难通过提成的方式予以奖励。比如律所安排律师写了一篇专业文章，并通过专业文章的传播获取了 3 个目标客户，但 3 个目标客户当下并没有成交，按照提成政策是很难给予写文章的律师奖励的，而后续 3 个目标客户成交了，又很难识别是不是因为律师写文章促成的。

在这点上不妨不要核算得那么清晰，很难区分的时候就不要区分了，而是统一纳入案源费用开支中，一般的实战打法是按照上年度创收总额的15%～20%提留案源费用，而后作为案源相关工作的开支。

第三个关键因素是案源费用的来源问题，换句话说就是案源费用谁来出的问题。前面提到的团队列支案源费用的做法适合于紧密型团队，但当前大多数律师团队并非紧密型团队，一般的做法是由团队负责人承担案源开发费用或者由团队内部的核心人员共同承担，也没有问题。真正的费用难点在于律所层面的案源开发，比如律所公共案源的开发，因为提成制律所的决策机制，公共案源开发的费用来源、案源的分配方式都会受到大家的质疑，导致的结果可能就是律所公共案源基本上没有人做。这是典型的因为费用障碍造成案源开发无法落地的情况。相对来说一体化律所在这方面就容易一些，这也是近年来不少律所倾向于转型一体化的原因所在。

三、案源管理保障

人的问题和钱的问题解决了，其实还不足以保障案源开发的落地，还需要一系列比较琐碎的管理工作的跟进，这才是案源开发中真正需要下功夫的地方。我们在给律师团队做案源开发辅导的时候也一直在说“做案源开发的理念沟通和架构设计容易，一两周就可以完成，但要真正把这些变成具体的行动并做出案源效果才是最难的，绝对是一个长期的过程，这个过程需要不断地沟通、协调、督促、跟进、改动等，都是比较琐碎的事情”，但也正是这些琐碎的工作推动案源开发的落地。

在具体实战中，我们将按照案源管理工作的层次分为宏观层面案源规划管理、中观层面案源流程管理、微观层面案源任务管理（见表 5－1）。

表 5－1　案源工作层次

工作层次	工作内容	工作成果
宏观层面	案源开发整体规划	律师（团队）案源开发规划表
中观层面	案源开发流程管理	案源开发闭环
微观层面	案源开发任务管理	案源开发 OKR 管理

对于宏观层面的管理我们之前也提到过，就是要做好案源开发的整体规划。实战中的打法主要是通过“律师（团队）案源开发规划表”完成，这也是我们辅导律师、团队做案源开发整体规划经常会用到的工具，一般会通过和律师、团队开 2～3 次年度开发规划讨论会确定。

一般是先做上年度律师（团队）案源数据的分析。首先分析的是上年度律师（团队）的创收来源。前文已述，当下律师行业的案源来源可以分为 4 个板块 10 大类型，包括：律所公共案源（前台接待案源、值班咨询案源、所内推荐案源）、关系推荐案源（熟人推荐案源、同行推荐案源）、外部市场案源（线上开发案源、线下开发案源）、内部市场案源（律师转介案源、团队合作案源、跨所合作案源）。

以我们辅导的成都锦瑟团队为例，2022 年成都锦瑟团队案源来源主要有熟人推荐、同行推荐、线上开发、线下开发和律师转介这几个板块，而每个板块的占比有很大区别，其中占比最大的同行推荐，占全部案源来源的 1/3 以上，再进一步细分我们发现同行推荐中 4 个重点律师团队存在多次推荐有效案源的情形。

有了这些数据的支撑，再结合我们一直倡导的“三线策略”（底线策略、边线策略、新线策略，见图 5－1），基本可以确定成都锦瑟团队在 2023 年度的初步案源开发规划。

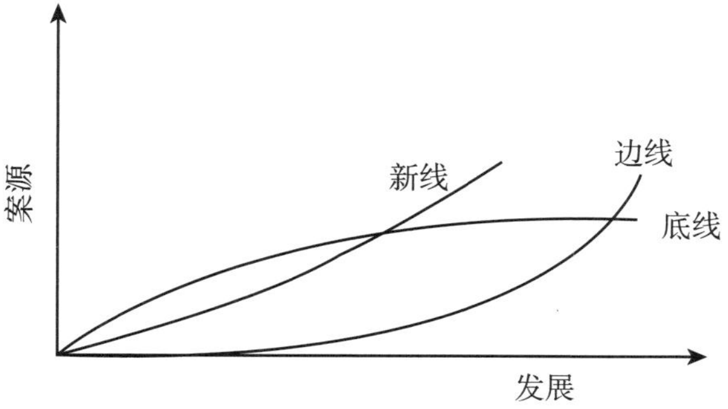

图 5－1　“三线策略”

一是底线策略，这是在上年度案源开发的基础上做强化和延伸，毕竟上年度的创收数据已经证明了成都锦瑟团队在特定案源板块已经具备了很好的基础，也跑通了案源开发的闭环，只需要在原有的基础上做强化即可。

比如同行推荐案源，一方面我们识别到有 4 个重点律师团队推荐案源的占比比较高，并经过进一步讨论确定下来这 4 个重点律师团队具有比较强的专业化倾向，基本上不做婚家案件，这个时候就可以考虑和这 4 个重点律师团队建立战略合作伙伴关系，最好能形成独家合作，并确定好案件推荐费和案源衔接、汇报机制，将与 4 个重点律师团队的合作规范化，打磨成长效的合作机制。另外结合这 4 个重点律师团队的特性，再进一步考虑增加重点合作律师团队的数量，进一步扩展到 8 个重点合作律师团队，在深度和数量上双向强化重点律师团队案源推荐。另一方面在重点律师团队之外发掘其他同行的推荐案源。这点需要通过强化成都锦瑟团队在律师同行中的品牌影响力来实现，着力点就可以放在“强化在律师同行中的品牌影响力”上，比如发布《成都市婚家诉讼业务市场分析报告》《成都市婚姻诉讼类案数据库》《女性法律守护手册》《婚姻家事案件胜诉实录》等内容手册，并配合相应的主题活动、主题课程，围绕律师同行做品牌宣传，以此建立成都锦瑟团队在律师同行中的品牌影响力，进而驱动同行推荐案源的数量增加。

二是边线策略，这是对律师（团队）上年度有一定的创收但占比有限的案源板块做优化，增加这些板块的创收占比。

还是以成都锦瑟团队为例，成都锦瑟团队 2022 年度外部市场案源（线上 + 线下）只占整体创收的 16%，并不算一个太理想的占比。据此我们也不难推断，成都锦瑟团队外部市场案源并没有真正有效地建立起来，外部市场案源还存在很大的增长空间，可以考虑作为本年度案源开发的重点板块。

因为成都锦瑟团队的主营业务是离婚诉讼业务，这类业务是典型的 C 端（个人客户）业务，客户需求强烈但相当分散，很难做直接的案源开发，可以借力打力将外部市场案源放在线上投放案源、渠道合作案源、KOL 推荐案源 3 个板块上（见表 5－2）。

表 5－2　离婚诉讼业务板块

市场化案源开发	合作对象	案源指标	负责人	合作规划
线上投放案源				
渠道合作案源				
KOL 推荐案源				

以渠道合作案源为例，成都锦瑟团队通过之前的积累建立了和保险公司、心理咨询工作室、学员中心等诸多第三方机构之间的初步合作，但和这些机构的合作并未带来有效的案源，下一步的重点就可以深度发掘成都锦瑟团队与这些第三方机构之间的“契合点”，摸索出可以实现双方商业共赢的地方，再进一步通过合作规划落地。比如心理咨询工作室和成都锦瑟团队之间的客户重合度非常高，都有大量的女性客户和婚家问题需要解决，与心理咨询工作室的合作就可以通过婚家调解类法律产品予以切入，双方形成异业交叉合作，相互为对方做客户导流，形成有效的案源开发。

三是新线策略，可以就律师（团队）创新的业务板块以及创新的案源开发方式做一些尝试，有点类似于为律师（团队）寻找新的案源、新的创收增长点。

还是以成都锦瑟团队为例，当前成都锦瑟团队的创收主要来源于离婚诉讼业务，占到团队整体创收的 90% 以上，业务创收结构相对单一，并没有形成多元化的创收来源，这是新线策略所要解决的问题，需要寻找新的创收增长点。

当然对于这个新的创收增长点也不是凭空寻找，而是在原有的业务基础上衍生出来的。比如我们当下给成都锦瑟团队确定的业务板块，包括婚家调解、婚家诉讼、婚家执行、女性法律服务 4 个产品板块的设计，贯穿于女性客户法律服务的始终，一方面突破了离婚诉讼创收来源单一的问题，另一方面也通过这些板块增加了和客户之间的黏性，更有利于做好老客户的案源推荐，形成老带新的案源开发体系。

对其他律师（团队）来说也是如此，新线策略不是直接放弃原有业务，一定是在原有业务的基础上衍生出来新的业务，而且一定是围绕同一目标客户群做的业务衍生。

比如我们之前辅导的钢贸团队在钢贸诉讼业务的基础上因为有大量的诉讼是半风险或者全风险代理，涉及执行环节的工作。执行环节慢慢做得熟悉了，有了一定的人员和业务基础，一部分人员就可以逐步剥离出来，组建新的执行业务团队，既做原有的钢贸业务执行，也做一些终本案件恢复执行、执行异议、执行异议之诉以及执行监督的新业务类型。

这是案源开发在宏观层面的规划实战，核心的要点还在于通过对上年度案源开发关键因素的分析，确定律师（团队）案源开发的具体打法以及律师（团队）相应的资源、人员配置，再进一步测算出年度案源开发目标，进而对整体目标做拆解，形成各个板块的具体目标，而后再围绕具体目标做人员、资源的配置，并形成具体的行动计划，通过对行动计划的监控落地实现案源开发的落地。

宏观规划确定之后，中观层面要做好案源开发的流程管理，简单地说就是要搭建好案源开发闭环。

所谓的案源开发闭环实际上也是我们对案源开发流程的梳理，基本上沿袭了我们一直提倡的 8 个重点环节：目标客户获取、信任关系养成、案源线索发掘、业务机会跟进、谈案签约技巧、客户关系维护、案源推荐管理。这 8 个重点环节完成了客户从陌生客户到付费客户再到伙伴客户的转化。围绕这个案源开发闭环，中观层面我们要做的就是提升各个环节之间的转化率。

正如我们一直说的案源开发实际上是一个漏斗模型，这个漏斗模型要想有效地发挥作用，必然需要关注各个环节转化率的提升，这样才能确保和我们接触的客户少流失一点、和我们签约的客户多留下一点。

还是以成都锦瑟团队为例，整体规划环节确定的是案源开发的板块和具体规划，但每一个板块或者具体规划最终的落地都会遵循上面的案源开发闭环。

以同行转介案源为例，同行转介过来的案源多是明确的案源线索，客户基于同行的背书和成都锦瑟团队接触，接触之后律所一定要安排人员对接客户，确定谈案的具体行程安排，而后由资深律师对接谈案，通过对客户案件的分析在短时间内和客户签约，签约之后由业务律师再跟进做业务的实际承办，承办结束之后再反馈给客户并进一步跟进客户，建立和客户之间的长期联系，条件合适的就可以促成客户推荐新的案源进来。

所以说宏观规划的案源开发最终的落脚点还是在案源开发闭环上。这个时候我们的侧重点就需要放在搭建案源开发闭环上并提升各个环节的转化率。

对于搭建案源开发闭环，我们给出的8个重点环节：目标客户获取、信任关系养成、案源线索发掘、业务机会跟进、谈案签约技巧、客户关系维护、案源推荐管理只是底层的逻辑框架，还需要在底层逻辑框架的基础上按照“场景+任务+人员”梳理更为符合实际的案源开发闭环。

同样以成都锦瑟团队为例，线下案源开发是成都锦瑟团队需要予以强化的案源板块，而线下案源开发的关键在于案源活动的组织，这点直接决定了线下接触目标客户的数量，更进一步决定了后续可以跟进、邀约的客户数量。而围绕案源活动的组织，有三个关键的流程节点需要做好安排。

一是活动主题的设计。我们一般会以月度为单位做活动主题的设计，基本上保持一个月一主题活动的节奏，并围绕活动主题形成“五个一匹配原则”，即一个主题、一款产品、一本手册、一期课程、一场活动相互搭配，并形成具体的活动方案和人员、物料分工。

二是活动邀约目标客户的数量和精准度。在这点上首先需要结合活动的主题做出相应的目标客户画像，比如组织“家庭财产与企业财产安全隔离”主题的活动，其目标客户是女企业家。这就可以通过与女企业家协会合作，形成需要邀约的女企业家客户名册，而后通过各种方式补充完善客户名册，并安排相应的人员采用电话、电邮、微信定向邀约、线下邀请函送达等多种方式邀请女企业家参与。

三是活动后客户的跟进，每一期活动结束之后一般会安排对客户的回访，在回访的过程中也顺带将活动匹配的法律产品向客户再进一步做介绍，通过回访促成与客户之间的二次沟通，以便再邀约客户谈案，并形成最终的签约委托。

这是线下案源开发闭环的具体体现，而围绕案源开发闭环必然形成一定的流程、任务和物料，这些流程、任务、物料又形成微观层面的案源任务。

微观层面就需要具体到案源任务，实战中我们一般是通过引入OKR 模式来做好案源开发任务的管理。这点很容易理解，简单地说就是给具体的案源任务加上时间、加上具体的负责人以及完成的标准，并按照 OKR 的管理模式平衡团队整体目标与个人目标、个人目标与他人目标之间的关系，形成上下同欲的任务机制，这也是保障案源开发落地的最后一环（见表5－3）。

表5－3　案源人员 OKR 工作拆解

O－挖掘案源线索	O－邀约客户谈案
指标：有效邀约客户数量＋客户谈案成功率	
KR－对接第三方渠道，扩大值班点范围和值班频次	KR－培训谈案律师，提升谈案成功率
KR－培训值班人员，提升值班人员有效邀约客户数量	KR－建立客户回访制度，形成客户的回访跟进

不过在这一环节上也需要注意和我们前面提到的铁三角案源开发团队的角色分工相结合，在角色分工的基础上设定具体的案源任务，再对案源任务做 OKR 拆解，并且还需要安排团队负责人做好日常的沟通、监控和复盘工作，以保证 OKR 的顺利落地。

6

第六章

案源开发实战案例

一切的方法论最终还需要落地在实战上，这是我们写实战笔记的主要目标。

案源开发更是如此，律师真正需要的不是案源开发的理论、框架，需要的是真正能落地的实战方法。在这个背景下，必然需要将前文的内容与案源开发的实战场景相结合。对于律师案源开发的实战场景，我们做了一些梳理，基本上就是 C 端个人客户案源开发、B 端企业客户案源开发、G 端政府客户案源开发、大客户端案源开发、内部市场案源开发以及数字技术案源开发，其基本囊括了律师案源开发所有的实战场景。

之所以没有按照业务板块而是以客户类型做实战场景的分类，这里也是有原因的。我们经常说案源开发实际上是客户和律师互动的结果，追求的是客户选择和律师引导之间的融合。相应地，不同类型客户的选择会有很大的不同，比如 C 端客户在选择律师的时候更在乎与律师的信任关系，愿意从熟人中或者通过熟人介绍选择律师。B 端客户决策机制相对复杂，客户对律师的选择会更加慎重，而且付费主体和使用的主体也未必是同一个人，律师想要拿下 B 端客户就需要做长周期、精细化的跟进。大客户也可以说是大 B 端客户，多采用入库和招投标的方式选择律师，决策体系和采购法律服务的流程会更加复杂，律师的应对方式也会有很大的变化。G 端客户和 B 端客户又有不同，G 端客户对法律需求的采购具有很强的公益属性，这是由 G 端客户的特性决定的，而且采购本身需要遵循预算制度和招投标流程，同时 G 端业务政府主导性更强，律师的操作空间有限，对业务能力的要求没有 B 端那么高，相应地做 G 端业务的门槛并不高，但其他门槛比如品牌、客户关系相对来说要求就比较高了。再就是律所内部市场，也可以说是律师同行之间的交叉业务合作，这是当下律所层面尤其是规模律所做案源开发必然要考虑的一个问题，更侧重于建立律师之间的信息交互和交叉业务支持机制，其和前面几个客户端口的案源开发又有一些区别。最后一个板块是在当下网络技术、数字科技背景下案源开发的一些变化，虽然客户类型没有变化，但和客户之间接触、互动的方式会有很大的变化，因此也作为案源开发的实战场景之一。

接下来我们就一一拆解，看看案源开发的实战做法。

一、C 端客户案源开发

C 端客户的特征其实很清晰，即“目标客户数量大，但是太分散；决策不复杂，但选择比较多；客单价不高，但对价格比较敏感；法律需求单一，很难做持续开发”。在这些客户特征之下，我们以辅导的成都锦瑟团队为例来看看如何更好地开发 C 端客户。

成都锦瑟团队之前的品牌定位是婚家法律服务，以离婚诉讼作为团队的主体业务。当然依托原有的资源和品牌优势，离婚诉讼业务做得还是不错的，多年积攒下来做了上千件的离婚诉讼案件。但同时也面临一个很大的问题，那就是业务结构单一，几乎 96% 以上的创收来自离婚诉讼，而且离婚诉讼之后对客户的跟进和复购几乎没有，这样的体系下案源开发始终处于发掘增量客户的过程中，需要持续不断地寻找新的客户。

而在寻找新客户的过程中，成都锦瑟团队同样面临一些障碍。第一个障碍是人员障碍。一般来说对 C 端客户的线下开发最有效的方式就是“人海战术”，招聘大量的人员直接对接 C 端客户，典型的如保险行业、美妆行业，尤其是美妆行业的直销模式就是典型的人海战术。但对律师来说，一个团队顶多也就几十人，而且全部或者绝大多数是律师，实际上没有专职的营销人员，更谈不上采用人海战术开发 C 端客户。

当然除了人海战术，还可以借力打力，借助第三方合作渠道触达 C 端客户做案源开发，这是当前成都锦瑟团队使用较多的一种案源开发方式。比如通过和心理咨询工作室、女企业家协会、女性商业社群、婚恋服务公司等第三方渠道建立合作关系，借助第三方已经积攒的老客户和成熟的营销团队触达客户，这是当下可以落地的一种 C 端案源开发方式。不过这种方式很大程度上属于“营销驱动案源”，必须支付一定的案源开发费用，当然更重要的是要找到客户重合度高、客户转化率高、异业交叉度高的合作渠道才能保障第三方合作渠道引流过来更多优质的案源，同时引流过来之后，客户的谈案跟进也要做好，否则前面引流过来的客户也会很快流失掉，白白浪费掉前面的努力。

第二个障碍是品牌障碍，这点和同行转介案源直接相关。成都锦瑟团队主打的是婚家业务，而婚家业务相对来说在同行转介案源上是有一定优势的。正如我们一直说的，“律师之间的案源转介，要么是自己不愿意做的，要么是自己做不来的，一般的业务如果律师自己努力就能做好，轻易是不愿意转介给别人的”。这是当下律师行业案源转介的真实心态，恰好婚家案件在很大程度上就属于不少律师不愿意自己做的业务，也容易形成同行的转介。我们和成都锦瑟团队做2022年度案源分析的时候也证明了这一点，同行转介的案件占到60%。不过想要做好同行转介有一个很大的影响因素就是团队的品牌影响力，需要成为婚家领域的“强势品牌”，才能借助品牌势能促成同行之间的婚家业务转介。在这点上就需要强化成都锦瑟团队的品牌势能，对此我们的规划是做内容活动，比如发布《成都市婚家诉讼业务市场分析报告》《成都市婚姻诉讼类案数据库》《女性法律守护手册》《婚姻家事案件胜诉实录》等内容手册，并配合相应的主题活动、主题课程，围绕律师同行做品牌宣传，以此建立成都锦瑟团队在律师同行中的品牌影响力，进而驱动同行转介案源的数量增加。

第三个障碍是客户障碍。正如法律先生创始人彭帅做的一个比喻：大部分律师的工作就像猴子掰玉米，掰一个丢一个，然后大家比拼谁能掰到最大的玉米，但是，掰到大玉米又怎么样？还是一只猴子。我们要学会做农民，要学会将“用户”种在地里，用心呵护，耐心一点，精耕细作，然后就会有好多的玉米可以收获；但更进一步，是要有团队，要有分工，有能力经营一大片一大片的土地，种下不同的粮食，然后科学化生产，提高农作物的附加值，收获更多的价值。

这句话实际上是鼓励律师要多挖掘老客户，而不是和客户之间只做“一锤子买卖”，否则我们会陷入“新客户——业务承办——新客户”的困境之中，而且随着行业竞争的加剧，新客户的数量增长和挖掘都会遇到很大的障碍，反而是挖掘老客户会成为规避行业竞争的一种好的方式。但问题在于挖掘老客户在实际操作上也是有障碍的。正如刚刚提到的 C 端客户“法律需求单一，很难做持续的开发”，婚家业务就是一个典型的例证，基本上多数客户一生只会离一次婚，想要婚家客户回头复购，我们就不能仅仅在婚家诉讼上下功夫，毕竟这个业务类型的复购率是非常低的。也是基于这个原因，我们对成都锦瑟团队的品牌定位做了优化梳理，将原来的婚家业务扩展为女性法律服务，不再仅局限于离婚诉讼，而是围绕女性客户需求配置相应的业务板块，不断跟进开发女性客户，挖掘女性客户的终身价值。

这其实是一种客户导向的业务定位模式，从客户角度出发做业务的拓展和法律产品研发。相应地在这种导向之下，做案源开发也要有新的方式，我们找到的方式是做“案源粉销”。

案源粉销简单地说就是把客户变成自己的粉丝，一方面深度跟进开发客户，围绕客户需求不断研发匹配的法律产品，另一方面推动客户做案源推荐，借助老带新，形成持续不断的长效案源开发机制。

确定了案源开发的重点方向，下一步就是具体的落地规划了。实际上对成都锦瑟团队来说案源分销还是有很大的优势的。首先在于成都锦瑟团队之前已经积累了大量的老客户，虽然还没有形成老带新的案源开发机制，但这些客户资源还是沉淀下来了，尤其是一些客户经过成都锦瑟团队服务之后对团队的认可度较高，具备了案源粉销的客户基础。在客户优势的加持下，我们确定了法律产品的案源驱动方式，主要就是围绕女性客户开发各类法律产品，逐步确定了婚家调解、婚家诉讼、婚家执行、女性法律服务四个层次的法律产品体系，而后再结合客户的实际需求做细化。比如在婚家调解板块，设计了“女性私人法律顾问”“家庭健康体检”“女性婚家心理咨询服务”等结合客户场景的细化产品，再借助这些法律产品的推广实现了案源开发的落地。

在这个过程中，围绕法律产品把知识管理、案源开发、品牌打造、渠道合作、客户关系维护都融合起来，这点也是我们一直推崇以法律产品驱动案源的原因所在。通过这种体系化的法律产品设计，成都锦瑟团队和女性客户之间的关系就不再仅局限于婚姻诉讼，而是深入女性客户的方方面面，在为女性客户不断提供价值的过程中建立和女性客户之间的信任关系，实际上也将客户逐步转变为成都锦瑟团队的粉丝。

不过仅有法律产品的加持还不够，想将客户转化为粉丝，不但需要向客户持续提供价值，还需要情感上的互动和认可，这点也是客户老带新推荐案源的基础。围绕这个目标，我们和成都锦瑟团队确定了沉淀2000名粉丝客户的目标。这2000名粉丝客户不单单是我们的老客户，我们同时也会通过各种活动、互动、交流甚至帮忙建立起和客户之间的朋友关系，成为女性的律师朋友。而想要达成这一目标关键在于成都锦瑟团队中“大V律师”的培养，具体的操作是从成都锦瑟团队中遴选有一定品牌基础的律师打造律师的个人品牌，以律师个人为媒介建立和客户之间的朋友关系。当然要实现这一点还需要具体的规划，我们主要采用了借力打力的方式，一方面选择合适的平台深度开发，比如小红书、视频号、得到等平台，借平台培育“大V律师”；另一方面就是不断的内容投放，建立婚家法律专家的人设，围绕这个人设不断做视频、文章、手册、书籍等内容投放，再借助内容建立和客户之间的认知和互动，将客户转变为律师的粉丝，同时也是团队的粉丝。

这是我们针对C端客户在婚家领域的一些实战做法，但正如我们一直说的案源开发没有相同的实战做法，只有相同的底层逻辑，对于C端客户的案源开发，先确定目标客户群，再结合目标客户群做法律产品设计，而后借助品牌发展粉丝客户，这个底层逻辑是可以借鉴的。当然还需要结合律师（团队）的实际情况去做具体的调整，形成适合自己的C端客户案源实战做法。

二、B 端客户案源开发

B 端客户相较于 C 端客户会更复杂一些，我们以常法中心为例来展示下 B 端客户开发的实战场景。

实际上常法中心的搭建是一个门槛很高的动作，一般是在规模律所的框架下搭建，对规模律所来说也是一项战略性的案源开发工作。

规模律所是这两年行业内经常会提到的一个说法，不过到底符合什么标准才算规模律所，众说纷纭。从我们做律所一线管理的角度来说，我们认为规模律所和“规模”其实关系不大，更多是一种“发展状态”。简单地说就是律所发展到一定程度，律师人数、创收业绩、品牌影响力都有了，而且在当地也能排到前几位，不过律所的发展也遇到了一些瓶颈，传统的“拉人头、靠资源、拼数量”的发展模式碰到了天花板，需要寻求突破，才能实现律所的长效、高质、良性发展。而就如何达到这个目标，目前行业也形成了一些共识，比如适度规模发展、律所一体化、团队专业化/行业化、客户深度开发。但这些仅仅是目标，所谓的目标在这个阶段也不过是大方向，我们还要找到达成这些目标的路径，而在路径的探索上我们发现律所常法中心会是规模律所一个很不错的路径切入点。

首先，律所常法中心一方面是常法中心，另一方面也是“客户管理中心”。最好的法律服务是帮助客户成功，这是对客户的深度开发目标，也是我们辅导德恒西咸的时候一贯坚持的原则。既然想要用法律服务帮助客户成功，那么就要深入了解客户，而和客户之间的互动接触就是了解客户最好的方式。常法中心在日常服务客户的过程中是和客户（专指企业客户）接触最频繁的，也最容易深入了解客户，发掘客户的需求，再进而以专项、诉讼的方式帮助客户解决问题，实现用法律服务帮助客户成功的目标。

其次，律所常法中心不单单是常法中心，还能进一步发展为“律所公共案源中心”。做过律所管理的应该都有体会，在律所中谁掌握案源和客户，谁才有话语权，而传统律所的案源和客户分散于各个律师、各个团队，律所实际上更像是一个“虚拟主体”，自身没有掌握案源和客户，自然也很难调动律师、团队的积极性参与律所一体化建设。而一体化某种意义上来说是大势所趋，一方面是客户深度服务的要求，另一方面也是行业竞争压力所迫，要做律所一体化转型，必然产生与律师、团队之间的冲突，这个时候如果在律所内部能形成公共案源中心，以案源和客户倒逼律师、团队参与一体化，一体化的建设相对来说会走得轻松一些。

但对规模律所来说，从零开始组建公共案源中心既不经济也很难落地，反而将常法中心转化为公共案源中心是一条可行的路径，这也是我们当时在德恒西咸摸索出的一条路径。首先还是打造常法中心，先将律所部分存量客户的业务委托常法中心承办，而后提升常法中心服务企业客户的效能，之后再商定分配办法，吸引其他律师、团队将自己的常法客户委托给常法中心，由常法中心深度服务客户，在深度服务的过程中形成的专项和诉讼又将回馈给委托方律师/团队（见图6－1）。

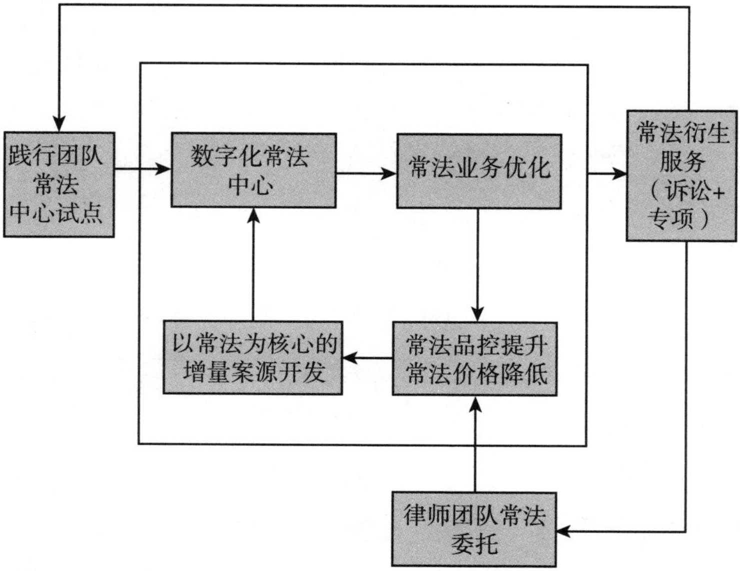

图6－1　德恒西咸数字化常法中心

这样的操作模式，既能解决律师/团队不愿意也没有人做客户基础服务和深度开发的难题，也因为常法中心的诉讼和专项还会回馈给律师/团队，消除了律师/团队对客户流失的担忧，律所层面也依托常法中心有了自己的案源和客户，可以有更多的资源和人员做客户的深度开发。

最后，常法中心也是律所的“法律产品研发中心”。对于法律产品，我们一直有一个观点，“最好的法律产品就是可复制的成功项目”，法律产品不是闷在办公室想出来的，而是在服务客户的过程中形成的客户付费认可的成功项目。这些项目做完之后，需要做两个层次的评估，一是评估这类付费客户体量是否足够大、付费的意愿是否足够强、客户对项目的价值是否足够认可；二是评估成功项目能否模块化，是否具备可复制的可能。如果一个成功项目完成之后，通过知识管理做模块化梳理，能够形成通用的业务文本、业务流程、业务资料，且服务下一个、下下一个客户时可以直接使用该通用模块，那么这个项目就具备研发出成功法律产品的可能。当然客户的个性化需求也是需要考虑的，不过客户个性化需求不超过 40%，其他 60% 可以通过通用模块完成，成功项目也具备产品化的可能，未必说非得达到 100% 的通用模块。

也是基于以上的考虑，实战中规模律所的优化转型以常法中心作为切入点，借助常法中心实现律所的适度规模发展、律所一体化、团队专业化/行业化、客户深度开发。

当然，还是一贯的原则，“给了鸡汤，还得给勺子”，既然常法中心这么好，怎么落地建设常法中心就成为下一步需要考虑的事情，概括起来就是常法中心建设的“四板斧”：重点客户深度跟进开发、基础法律服务外包承接、专项服务法律产品跟进、重点行业产品体系开发。

1. 重点客户深度跟进开发

这个板块针对的是重点客户，如果我们深度去做律所的创收数据分析就会发现律所创收实际上也遵循“二八定律”：20% 的重点客户带来 80% 的创收。在这个规律之下，我们做客户的资源、人员配置也会有所侧重，将更多的资源、人员配置给重点客户，对重点客户做深度跟进开发，进一步提升重点客户的创收总额和创收占比。

不过对于重点客户的开发大家需要注意“以存量客户作为基础”。规模律所相较于其他中小律所，有一个很大的优势就是有大量的存量客户，这些存量客户应当作为常法中心的第一批次客户。

第一步需要对存量客户做数据分析，我们辅导德恒西咸在2022年引入了法数云系统，借助系统可以很容易地做客户的数据记录，而且不单单是客户的创收、合同、项目数据，还可以和企业微信打通，将客户的咨询、文本、电话等服务数据也沉淀下来，方便我们做存量客户的数据分析。

在数据分析的基础上，我们逐步确定了筛选重点客户的一些参考标准，如创收占比、是否为行业头部客户、与律所合作时间、客户潜在需求的体量。依托这些标准筛选出德恒西咸的重点客户。

第二步是对重点客户的信息收集。在当前的行业现状之下，我们发现以往对客户的信息收集有很大程度上的欠缺。律师习惯于被动式、响应式法律服务，一般是在客户主动提出之后为客户提供法律解决方案，而且收集的信息也多是和法律服务相关的信息，最终汇总成各类案卷，案卷归档之后也没有做深度的研究。这类信息收集方式很难让我们深度了解客户，更谈不上主动挖掘客户需求形成增值法律服务。

而做重点客户开发就不能仅仅止于案卷信息，需要进一步深入客户，收集研究客户的决策体系、涉诉信息、法律服务和跟进记录、客户商务信息、客户商业模式、盈利模式、发展规划以及客户所处行业的政策法规、发展趋势、监管信息，全方位地收集客户信息，做到比客户还懂客户，我们才能进一步挖掘客户的深度需求。

在上面的基础上，第三步就相对容易了，一方面是通过对客户所处行业政策法规、监管信息、发展趋势的研究，摸索其中蕴含的法律机会，这点也正如我们对德恒西咸一直说的，“最好的法律机会隐藏在政策变化中”；另一方面就是结合客户的商业模式、盈利模式、发展规划、部门设置、业务流程、决策体系以及 KPI 考核，分析我们能从哪些维度切入帮助客户更好地完成发展规划、完成 KPI 指标，用法律服务帮助客户取得成功，顺便也实现律所创收的增加。

这样的三步走坚持下去，基本上就能和重点客户形成战略合作伙伴关系，这也是我们深度开发跟进重点客户的目标所在。这样的重点客户就成为律所长期发展的基础和支撑，也很难为其他律所撬动。

当然在重点客户之外还有大量的客户，对于这类客户的服务，我们更多是依托“基础法律服务外包承接 + 专项服务法律产品跟进”来实现的。

2. 基础法律服务外包承接

对于常法服务，从我们接触的实际情况来看，部分律师的兴趣度并不高，对他们来说，常法服务太基础、烦琐而且价值不高，很难支撑起律师/团队的创收。实际上他们理解的常法服务更多是基础法律服务，如法律咨询、合同审查、法律意见书、谈判参与、法律培训、客户关系日常维护，这些工作确实比较烦琐，也会占用业务律师大量的时间，但反过来这也是客户高频发生、高度关注、影响客户体验的法律服务。毕竟类似于IPO、股权架构设计、投融资、商事诉讼这类偶发的增值法律服务，律师和客户之间的接触以及信任关系培养更多是在这些烦琐的法律服务中完成的。虽然烦琐，但很重要。

对这类基础法律服务，我们辅导德恒西咸提出的目标是“注重客户体验，提升品控，同时降低成本”，也就是传说中的“既让马儿跑，还要马儿不吃草”。

想要实现这一目标，基础法律服务的外包承接就成为一个解决的路径。

一方面是内部常法中心安排专业人员做基础法律服务承接，不但承接常法中心本身的存量客户常法、增量客户常法，还需要进一步承接其他律师/团队的委托常法。这个时候“专业人员＋知识管理＋技术支持”就成为常法中心的标配。

首先是遴选有企业法务工作经验的专业律师入驻常法中心；其次是做好知识管理，实现业务的流程化、模块化，比如德恒西咸现在正在建设的“共享法律知识库”，就是基于优化基础法律服务的目标建立的；最后是技术工具的引入，想要在提升客户服务品控的基础上进一步降低基础法律服务的成本，技术工具的引入是必不可少的，比如德恒西咸2022年引入的法数云系统，可以实现对客户一键咨询解答、合同模板库、业务文本库、类案检索库等设置，辅助业务律师高效做好客户基础法律服务。

另一方面是与外部法律服务机构的合作，比如海蜂法务、区域内的法律服务公司以及一些法律科技公司也是我们外包合作的对象，借助第三方机构在人员、知识管理、技术工具方面的优势，更好地提升业务律师做好客户基础法律服务的效能。

3. 专项服务法律产品跟进

在解决基础法律服务的基础上，我们还得进一步考虑客户的深度开发，这点和重点客户的开发比较相似，也需要前文重点客户的第一步数据分析、第二步信息收集、第三步客户需求挖掘。

不过客户需求挖掘仅仅是我们跟进服务客户的开始，需要在客户挖掘之后针对客户的需求研发或者匹配合适的法律服务产品，在这个过程中法律服务产品就起到了引领客户服务的作用。

因此在基础法律服务被外部承接之后，我们会做两个方面的工作落地专项法律服务产品。

一方面，是结合企业客户的特征，研发“企业普适性法律产品”，目前德恒西咸是按照企业普遍存在的 6 大板块（企业用工板块、企业财税板块、企业竞争板块、企业知产保护、企业监管板块、企业内部管理），将每一个板块结合过往的成功项目，形成 17 类普适性法律产品，如“企业工伤优化赔付解决方案”“企业员工安置专项产品”“企业应收账款催收专项产品”等。

在这些普适性法律产品研发出来之后，我们会进一步借助法数云做客户的数据分析，寻找和产品契合度较高的客户，比如与“企业工伤优化赔付解决方案”契合度较高的客户是“已经发生过或者正在发生工伤事故的企业客户”，我们会在数据库中将这类目标客户筛选出来，而后进一步通过主题活动、企业内训、产品对接方式为目标客户部署工伤产品，解决客户在工伤方面的难题。

另一方面，法律产品研发不在前文已经做出的普适性法律产品的范围内，而是来自对客户需求的挖掘，在服务客户的过程中注重对客户的研究，以客户成功为导向做法律产品研发，进而为客户做法律产品部署，解决客户的问题。

这也是我们做法律产品研发的常态，在普适性法律产品之外，更加注重对客户定向的法律产品研发，为客户提供定制化的产品解决方案。

4. 重点行业产品体系开发

最后一个板块是规模律所常法中心建设的“升级版块”，以行业为维度做行业法律产品体系开发。

在常法中心的发展中很重要的一个指标是客户规模，而要实现对大量客户、高品质的法律服务，除了前文 3 个板块的建设，还需要考虑行业化发展。这里面蕴含的一个底层逻辑就是同一个行业对待客户在商业模式、运营方式、部门设置、人员配置、交易结构等方面都有很强的相似性，对一个客户形成的法律产品，可以很快“复制”给同行业其他客户。也是基于这个底层逻辑，我们确定了以重点行业开发作为常法中心的升级板块（见图 6－2）。

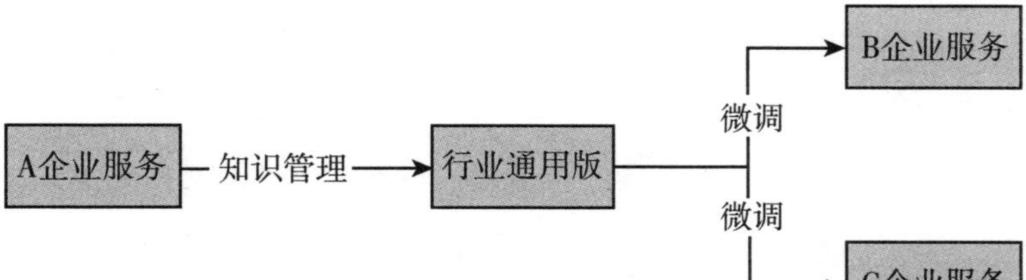

图 6－2　行业客户服务模型

还是以德恒西咸为例，目前我们已经确定了四个重点开发的行业，包括科创行业、建工房产、能源矿产、政府法律服务。而对于这些重点行业的选择一方面是基于我们原有的客户数据和业务基础，另一方面也是考虑到本地（陕西省）的区域经济发展情况，选择和区域经济发展匹配度比较高的行业。

确定重点行业之后，下一步就是找重点行业的切入点，这一步实际上也是在做行业品牌的建设。以能源矿产行业为例，国内不乏在能源矿产领域做得非常好的律所/团队，要和这些律所/团队形成差异化竞争，这就要在品牌定位上下功夫，找到能源矿产行业的共同认知，并找到可以贯通整个行业的品牌切入点。具体到能源矿产行业我们联合德恒（重庆）所找到的是“双碳法律服务”，以此作为能源矿产行业的品牌切入点。

在确定品牌切入点之后，下一步就是梳理行业已有的客户、成功项目以及对行业做深度研究，将行业上、中、下游的产业链拆解，并在拆解的基础上为各个板块配置合适的法律产品，形成行业法律产品体系，做重点行业的深度开发。

上面的 4 个板块是我们做规模律所常法中心建设的“四板斧”，也是我们目前正在推进、践行的常法中心的行动规划，当然，这 4 个板块的划分一定程度上我们认为是有普适性的，希望能对律师同行建设常法中心有所启发。

不过大家应该也能看到，常法中心的建设是一个综合性的工作，包括以常法中心为主体的 B 端客户的案源开发，我们其实没有提到做多少活动、设计多少课程或者怎么样和 B 端客户搞好关系，这些实际上都是技术层面的工作，没有什么普遍适用的方法论，更重要的还是搭建律所、律师（团队）与客户之间的互动关系，能够为客户持续提供价值（帮助客户成功），这点才是 B 端客户案源开发的核心。正如我们一直在说的“帮助客户赚钱的同时顺便赚点律师费”，这个句话尤其适合 B 端客户。

三、G 端客户案源开发

G 端客户我们接触不多，不过行业中也不乏开发 G 端客户比较成功的案例，比如深圳中熙律师事务所、北京嘉观律师事务所、广西思贝律师事务所在 G 端客户开发上都有一些独到的经验。

就 G 端客户开发来说，不少律师的第一反应就是影视作品中看到的场景：要陪好大人物，让大人物吃好、喝好。这种情况也许还存在，但是，随着反腐倡廉的持续推进，这种情况在不断地减少。很多人把这种情形，当成了不可逾越的雷池。不过我们也应该看到，撇开这些灰色的因素，在 G 端客户开发过程中，“关系”还是能起到很重要的作用，这点也是 G 端客户本身的特点决定的。

按照刘润的描述，“G 端客户相较于 B 端客户首先在需求点上追求的不是投资回报或者企业成功，而是公众需求或者说政绩要求。一般的流程是上级的单位或是部门，开始落实某一项决策，或是提倡某一个方向。下级部门根据实际情况，响应号召，划拨资金，采购 To G 产品。不过在决策机制上，G 端客户基于上会采用招投标流程，这也是基于政策的要求”。同时G端客户一般会占据主导地位，对律师的选择余地比较大，而且G端业务对律师值班、会议参与有一定的要求，相对来说G端客户带来的创收利润并不是很高。但同时对律师来说G端客户有一定的品牌背书的作用，尤其是在国内传统的意识下，G端客户是不少律师品牌上的加分项。

在这些特征之下，我们发现G端客户的案源开发更多是资源驱动和品牌驱动的双向驱动。一方面需要通过一定的资源人脉拿到G端客户的入场券，另一方面还需要在G端客户众多律师的选择中依托品牌优势胜出。这是当下律师行业开发G端客户的主要方式。

不过从我们了解到的情况来看，G端客户对创收的贡献占比有的时候不是太高，毕竟G端客户受制于财政预算和拨款机制，在律师费用的支付上有一定的限制，也很少出现大额律师费的情况。不过前文也提到过，G端客户在品牌上带来的价值要远高于其所能带来的创收价值，实际上当下G端客户也意识到这个问题，会采用多律师或者多法律顾问共同服务。比如政府法律顾问会邀请多名律师担任，实际上这已经不单单是一项业务，而成为律师可以对外宣传的一种荣誉。

也是在这个背景下，我们和一些主打G端客户业务的律所在沟通的时候确立的案源开发方案反而不是以G端客户为主，而是借助G端客户做公共法律服务市场的开发或者企业端监管辅导业务的开发。

以我们接触的深圳中熙律师事务所为例，其本身在G端客户法律服务领域已经深耕多年，有了一定的G端客户积淀，也对G端客户的运作模式有深入的了解，形成了围绕 G 端客户的能力优势。但正如前文提到的，G 端客户带来的创收占比并不高，而且对律师的深度参与要求较多，相应地成本也很难控制。这个时候还围绕 G 端客户做文章显然操作空间有限，反而以 G 端客户为依托开发企业客户更为有利。

以这几年律师行业非常热门的合规业务为例，我们对合规业务的判断是基于政企关系的考虑，大家能明显感觉到合规业务更多是在监管强化的背景下催生的。比如我们正在研发的“企业安全生产防控专项产品”，就是在《安全生产法》修正的背景下推出的，也是企业顺应新《安全生产法》监管要求的必然之举。

不过合规这个词更多是在 G 端政府层面提出的要求，对 B 端企业方来说合规反而意味着更高的成本、更多的规范以及更小的操作空间，并不是企业主动的要求，而是一种被动的接受。相应地，我们在和中熙所沟通的时候引入了“监管辅导”的概念，从 B 端企业客户出发，帮助企业客户更好地在监管强化的环境下依法依规经营，更重要的是避免来自监管部门的诸多风险，这是企业主动追求的结果，也是企业愿意为之付费的法律服务。在具体操作上，进一步确定了税务板块、环保板块、安全生产、数据合规四个律所本身有一定优势且监管不断强化的领域，以法律产品研发为主导，并配合相应的课程、活动，借助监管政策的调整和实施做落地的企业监管辅导业务开发方案。

这是 G 端客户案源开发可以衍生出来的一个新的案源开发方式，虽然不是直接面向 G 端客户，但也是从 G 端客户服务中衍生出来的，以对G端客户的服务、资源和能力积淀作为案源开发的基础。

同时，由G端客户衍生出的案源开发方式还不仅仅限于企业监管辅导，实际上还包括对公共法律服务的参与以及官方鼓励性业务的深入挖掘。

公共法律服务近年的发展也带动了类似律品、百事通等法律科技公司的参与，不过在公共法律服务的参与上更多律师的着眼点是法律援助案件。当然从创收的维度来看，法律援助案件还是有很大价值的，而且基于公益和品宣的考虑，律师承办法律援助案件也有一定的必要性，但从公共法律服务体系来说，律师参与公共法律服务可以考虑在客户获取和案件导流上做一些努力。

比如公共法律服务中基层调解是一个很重要的板块，当前官方也在推行一些基层调解的先进案例，而在基层调解中律师作为专业的法律群体必然有很大的发挥空间。以我们辅导的婚家团队为例，婚家的调解是基层调解中的一个高频板块，婚家律师完全可以深度参与到基层调解中，一方面是作为公益项目参与调解，建立品牌上的影响力，另一方面也是客户引流的一种方式。基层调解实际上是一个“诉讼前置”的程序，一些纠纷确实可以通过调解的方式解决，但同时必然也有不可调和的纠纷需要通过司法途径解决，这部分案件就可以转化为有效案源。这其实也是当下诸多律师参与到调解组织中的实际情况。

除此之外，有一些特殊类型的业务属于官方鼓励律师参与的业务，最典型的就是执行类业务。我们在辅导执行团队做案源开发的时候就有意识地将执行业务的开发与官方解决“执行难”问题相结合。

实际上当时我们辅导团队选择执行这个业务领域，有一定的原因就是“政策利好”，主要是由于官方近年一直在强化执行领域，不断出台各类政策希望解决执行难的问题，而且2019年的时候还专门出台一个文件《关于深入推进律师参与人民法院执行工作的意见》，鼓励律师参与到法院的执行工作中来。

也是在做执行业务的过程中，我们发现执行难有很大程度上是被执行人转移、隐匿财产造成的，而要解决转移、隐匿财产的问题，仅仅靠传统的失信、限高已经很难起到有效的作用，需要更进一步的措施，在这点上“拒执罪”无疑是一个不错的选择。

也是考虑到这点，我们促成了执行团队和一家刑事专业律所的联合，双方共同研发出“拒执罪专项服务解决方案”，依托拒执罪主打终本案件的恢复执行。不过拒执罪存在立案难的问题，不论是公诉还是自诉都存在一定的障碍。在这点上就需要建立和执行部门的良性沟通，通过一系列的研讨会、“拒执罪办案操作指引”、拒执罪系列文章以及拒执罪典型案例的宣传，配合执行部门在拒执罪意识上的转变，逐步将拒执罪纳入执行的常态化措施。这一方面是在帮助执行部门解决执行难的问题，另一方面也嵌入了相应的法律产品推广。这也是一种借助G端做好案源开发的实战打法。

当然，对G端客户的开发还有一些底线需要遵守。正如刘润在《To G的生意要怎么做》这篇文章中提到的，“很多人的固有印象是：做G端的生意，就是陪G端喝酒，和G端搞好关系。在微软的时候，我的一位领导，曾经说过一句让我印象非常深刻的话：喝酒，是G端需求列表的最后一位。G端的需求是什么？是民众的满意度，是任务在自己手上完成，是决策在自己手上落实。对于G端来说，无论是哪一样，益处都大过喝酒数百倍。想开点，G端的人一点也不希望为了需求列表的最后一位，而和你一起步入灰色地带”。做G端客户的开发，尤其对我们律师群体来说，底线一定需要坚守好，这也是G端客户案源开发的最低要求。

四、大客户端案源开发

大客户案源开发可能是律师最感兴趣的内容，毕竟大客户也意味着大案源，大案源后面跟着高收费。但当大家都是这个想法的时候，也就意味着对大客户的竞争会非常激烈，毕竟律师都盯着大客户，希望这些大客户是自己的大客户。而大客户也因为其自身的优势，具有很强的资源对接能力，手头其实不缺律师，自然在选择律师的时候有很大的主动权，所以我们看到大客户会设置“入库制度”，将符合条件的律师（律所）纳入律师库待选。这是大客户的特征之一，而这一特征在很大程度上也决定了律师大客户端案源开发的方式。同时相较于其他类型的客户，大客户在决策机制上会更为复杂，一般情况下都会采用招投标的方式做法律服务采购。

不过，想要做大客户的生意，首先在于识别大客户，要知道在哪里可以找到大客户，也要知道哪些法律领域和大客户相关度比较高。比如我们接触的一个律师团队，品牌定位是高端商事诉讼，这类诉讼多为大标的诉讼案件，标的大才有可能收取更高的律师费。有大客户才有大标的案件，他们在选择客户的时候用了一个最简单的方法，就是从裁判文书网的数据做分析（见图6－3）。

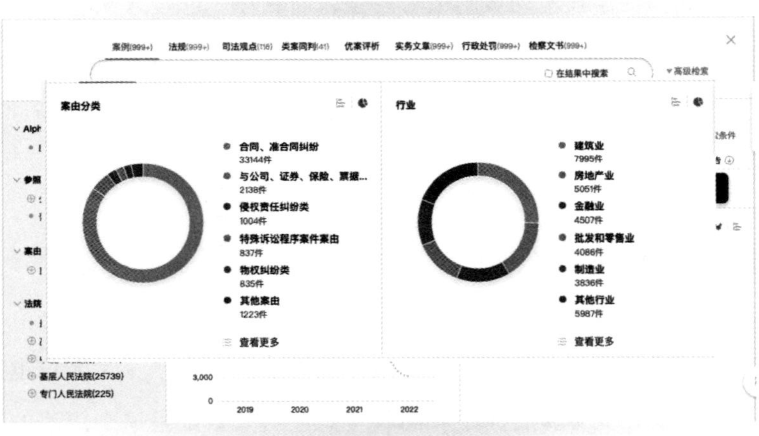

图6－3　数据分析

经过分析后发现大标的案件集中在建筑业、房地产业、金融业、批发零售业等几个重点行业，其中以建筑、房地产行业占比最大，因此诉讼团队在设计业务板块的时候将建工行业诉讼作为其主打的业务板块；其次是金融行业，律师团队将其作为第二个重点业务板块，并招募资深律师予以负责，以此打造律师团队在建工诉讼和金融诉讼两个行业的业务品牌，建立拿下大客户的基础。

当然有了业务品牌并不一定能拿下大客户，这点恐怕会让不少想做大客户的律师同行失望。我们发现大客户之所以大，很大程度上表现在其规模和业务的复杂性。在这个背景下，大客户对法律的需求也是多元化、多层次的，而非单一性的法律需求。立足于高端商事诉讼，即便有很强的业务品牌，但解决的只是大客户的一部分法律需求，并不能借此拿下大客户。举个现实的例子，我们辅导的北京的一个律师团队，手头有不少互联网头部公司的法律顾问，法律顾问每年也会给团队带来不少的创收。但这些顾问创收和互联网头部公司法务部每年的预算总额相比较，仅仅是预算总额的零头。这其实很常见，虽然不少律师手头有大客户，但并未深度挖掘、满足大客户的法律需求，而仅仅从大客户手里拿到很少的创收。

如果再进一步可能更现实。对大客户的开发，不少律师同行特别迷信“关系营销”，认为有良好的人脉关系就一定能拿下大客户。实际上我们也接触过不少服务大客户的律师，从我们的接触来看，有很好的人脉关系仅仅能帮助我们敲开大客户的门，很难保证可以拿到大客户的核心业务。举个简单的例子，我们接触的一位律师通过自己家族的介绍进入到一家大型国企做法律顾问，但是做了两年之后国企因为对其业务能力不满意，重新聘用了一位律师做法律顾问，对之前的法律顾问也没有解除，而是采用“冷处理”的方式，虽然每年也会推给之前的法律顾问一些业务，但这些业务基本上都是一些琐碎、简单、客单价不高的业务，而高客单价的核心业务却交给别的律师来做。同时我们也要注意，类似于国企、央企甚至一些大型的私企，内部并不是我们想象的一团和气，有人的地方就有江湖，可能内部也会有派系竞争、也会有站队要求，一旦外部律师和内部的人员关系过于紧密，必然会导致被另一派系的人员抵制。

结合上面的分析，我们归纳后发现律师和大客户之间的关系实际上可以梳理为四类（见图6－4）。

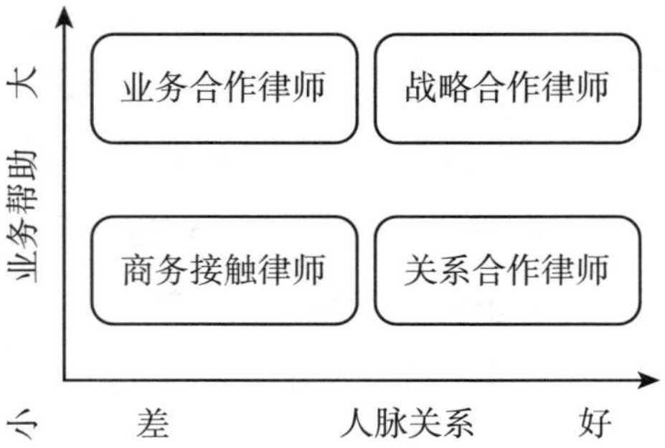

图6－4　律所和大客户之间的关系

（1）商务接触律师，这类律师和大客户之间没有良好的关系，而且很难通过自身的资源能力让大客户觉得律师对自己的业务有帮助，一般大客户只和这类律师礼貌地接触一下，也会邀请其入库或者参加招投标，但在很大程度上不会发生实际的业务合作。不少律师同行觉得参加大客户的投标很多时候是在“陪标”，根本的原因就在于没有正确理解自己和大客户之间的关系。

（2）关系合作律师，这类律师和大客户之间具有良好的关系，但因为业务能力、服务态度或者其他原因对大客户的业务并没有起到很好的帮助作用，这个时候基于人情可能会拿到一些业务，但正如前文实例中所体现的，拿到的业务基本上都是一些琐碎、简单、客单价不高的业务，而高客单价的核心业务却交给别的律师来做。

（3）业务合作律师，这类律师具有很强的业务品牌，其业务能力会对大客户有很大的帮助，属于大客户比较信任的专业人士，也能形成和大客户之间的深度合作。比如高端诉讼领域的天同律师事务所就是业务合作律师的典型。但在和大客户关系的维护上有一些不足，其中一个表现就是对大客户的法律需求并没有实现全覆盖，处理的仅仅是大客户的部分业务，很难建立起和大客户之间的长期合作。尤其是诉讼类业务，很多时候诉讼结案之后，律师和大客户的合作关系也会终止，没有进一步深度挖掘大客户的终身价值。

（4）战略合作律师，这类律师相当于和大客户之间建立起战略合作伙伴关系，不仅仅帮助大客户完成自己专业领域的业务，还能通过律师资源推荐、整合的方式建立对大客户法律需求的全覆盖，甚至进一步帮助大客户对接商业资源，建立起和大客户之间的深度合作，成为大客户离不开的合作伙伴。

这是我们梳理的律师和大客户的四类关系，大家应该很容易看清楚四类关系的优劣，我们也建议律师应该建立和大客户之间的战略合作伙伴关系，成为大客户的战略合作律师。

而要做到这一步，必然需要重新设计我们开发大客户的方式。

从我们开发大客户的实战来看，在大客户开发上可以借鉴华为的打法，实际上华为也是业内大客户开发的标杆企业，华为的大客户开发有不少值得律师借鉴的地方。

首先在于对大客户的选择。对律师来说，大客户很大程度上就等于付费客户，没有付费的客户即便再大也不是自己的客户。这种说法似乎是正确的，没有付费的客户律师一般是不会合作的，而且对于一些大客户律师自身也没有足够的资源渠道触达，果断地放弃似乎是最佳选择。但实际上律师或者律师团队做出这种决策，很大程度上仅仅是基于自己的“一亩三分地”，只做自己手头资源渠道的盘点，而没有进一步整合资源，分析能否借助合作律师（团队）、律所、第三方的资源渠道，借力打力，触达更多、更优质的大客户。

正如华为在大客户开发上的战略，“站在未来看现在”。任正非在 1995 年提出，未来的通信行业会三分天下，而华为会占其一。当时的华为还很弱小，大家也不太相信，但这正是任正非为华为规划的面向未来的愿景。到了 1998 年，华为公司内部展开讨论，如果任总说得对，未来的通信行业真的会三分天下，华为占其一，那么我们的客户是谁？我们现在的客户与未来的客户是一样的吗？通过对这两个问题的深入探讨，大家从眼前的机会中抽身，开始思考未来更长远的选择。①

实际上当下很多律所、律师（团队）是缺乏长远的战略规划的，因为没有长远的战略规划，所以更多瞄准眼前的项目或者机会，因为瞄准眼前的项目或者机会也就丧失了对客户的长远关注。在这种背景下，律师（团队）更倾向于参与大客户招投标项目，而忽略了对大客户的了解和认知，与大客户之间的关系顶多停留在业务合作上，很难形成对大客户的持续跟进和挖掘。

当然造成这种结果也是有原因的。比如我们接触的一家规模律所中不少高级合伙人手头其实有大量的大客户资源，但即便是高级合伙人也需要做业务，有的还始终处于业务一线，做业务的时间多了，自然没有余力去跟进、挖掘大客户。针对这种现象，我们一方

---

① 王占刚：《客户第一：华为客户关系管理法》，人民邮电出版社 2020 年版。

面围绕高级合伙人优化律师团队架构，逐渐让高级合伙人可以将一部分业务分发给团队的业务律师，让高级合伙人可以从业务中解脱出来，有更多的时间跟进、挖掘大客户的新业务；另一方面也是考虑到高级合伙人在专业能力上比较强，但在商务、产品、客户关系能力上相对薄弱，因此解决方案是给高级合伙人配置商务助理，帮助高级合伙人跟进、挖掘大客户。这是当下比较落地，但也是一种折中的解决方案，在一定程度上可以让高级合伙人从关注业务转变为关注客户，以客户为导向做业务的部署和人员的安排。

上面还仅仅是对存量大客户的开发方式，对于新的大客户的开发还需要从品牌定位和客户状态上做出选择。

正如华为所提出的“站在未来看客户”，对律师（团队）来说，选择要开发的大客户或者形成大客户开发名册是大客户开发需要做的第一件事，但恰好这种选择是比较艰难的。有选择就意味着有舍弃，毕竟律师（团队）资源、人员都有限，不可能撒网式地开发客户，而要选择更精准的大客户跟进开发。

做出这种选择要依据品牌定位，比如当时我们辅导汽车律师团队做案源开发的时候就遇到这个问题。最初汽车律师团队从小客户切入，主要是以4S店作为案源开发的对象，逐步把4S店发展为汽车团队的常年法律顾问单位。但经过我们和4S店的对接之后，我们发现4S店的运作机制只能按照大客户开发的方法进行，主要原因在于4S店虽然名义上是独立的法人，也具有自己的营业执照，但大多数的4S店属于少数几个汽车销售集团，是由集团公司派驻设立的，4S店的财务、法务、人事等决策权属于集团公司，4S店的负责人仅仅负责日常的运营工作。在聘用法律顾问上，他们是没有决策权的，决策权在集团总部。

这实际上是我们当时开发汽车行业的时候犯的一个错误，相当于找错了案源开发的对象，我们认为自己做的是中小型的4S店，结果一上来就需要对接集团总部这类大客户。也是意识到这个问题，汽车律师团队逐渐改变了案源开发的打法，将目标客户定位在西安市场上的汽车销售集团。在梳理出客户名册之后，我们才发现整个西安市场数百家4S店实际上是由七八个大型的汽车销售集团设立的，这才是汽车律师团队真正的目标客户。

梳理出目标客户名册之后还需要进一步接触、了解目标客户的状态，这里我们称之为“大客户竞争策略”。简单地说就是前文提到的，不少律师同行都在盯着大客户，竞争会非常激烈，我们需要评估这个大客户开发的可能性和成本，然后再制定相应的开发策略。这里借鉴《大客户销售：谋攻之道》这本书的内容，将大客户的状态按照地盘和开局的象限做出划分见图6－5。

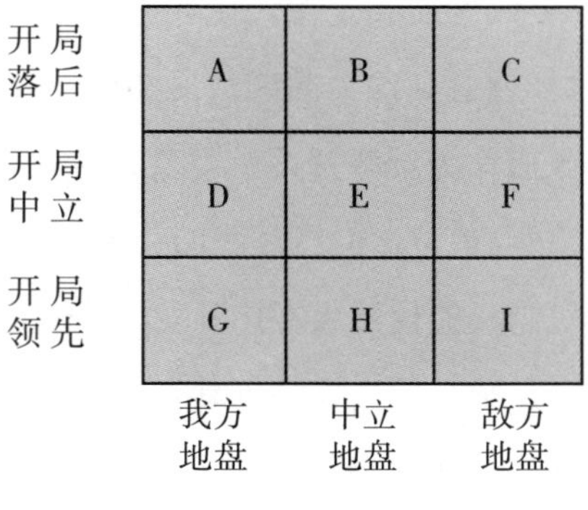

图6－5　大客户竞争策略

第一个因素是地盘，是指这个大客户是我们律师（团队）或者律所的存量客户（我方地盘），还是已经是其他律所的存量客户（敌方地盘），或者说这个大客户还尚未和律师有过合作（中立地盘）。地盘不同，跟进的策略也会有很大的区别。在我方地盘更多是通过内部交叉业务合作做开发，这点特别适用于法律产品驱动案源。比如我们之前设计的虚假诉讼法律产品，这款产品主打的是建工领域的虚假诉讼，先筛选而后找到相关证据认定可能存在虚假诉讼，再借助检察监督程序启动再审，以再审帮助客户挽回因虚假诉讼造成的损失。这个产品推出之后主要的客户就是大型的建工类企业，而这些企业有一部分是律所其他律师的存量客户，开发这些客户的时候就是以虚假诉讼产品为媒介，对接大客户业务律师，双方共同合作深度开发大客户案源。在敌方地盘就有点麻烦了，大客户是其他律所的存量客户，或者大客户已经被其他律师团队拿下，我们作为后来者很难开发大客户，这个时候在实战中我们更多采用的是“蚕食战略”：从敌方地盘大客户的边缘业务或者小微业务切入，一点一点赢得大客户的认可，逐步具备和大客户已有律师抗衡的资格。当时我们辅导的汽车律师团队开发汽车销售集团采用的就是这个策略。汽车律师团队经过客户名册的盘点之后发现有不少汽车销售集团实际上已经有了法律顾问，我们也没有足够的人脉可以让客户做出更换顾问律师的决定。这种情况下，想要开发这类大客户，正面进攻肯定有很大障碍，我们采用的是“迂回战术”，是从汽车行业最烦心的客户投诉问题入手，研发《汽车行业法律合规官》产品，为其提供客户投诉解决方案。这个切入点属于客户关心但顾问律师没有触及的问题，也给我们切入汽车销售集团这类大客户提供了机会。因此我们一直说对大客户开发，有的时候不要害怕大客户已经有合作律师了，尤其是当下不少合作律师对自己已有的大客户开发明显不够，比如客户经常吐槽的“顾问律师顾而不问”“合作律师只懂法律不懂客户”，这就给其他律师提供了对接甚至拿下大客户的机会。正如我们一直在说的“大客户是当下律师行业竞争最激烈的领域”，律师如果自己把握不好就容易被同行抢走大客户。最后一个是中立地盘，大客户尚未建立和律师之间的合作或者大客户重新遴选合作律师，对各方来说机会都是平等的，这个时候就是八仙过海各显神通了。

第二个因素是开局，这是针对大客户招投标项目制定的竞争策略。实际上大客户案源开发有很大一部分工作就是辅助律师（团队）做好大客户的招投标项目。这点和一些商业的招投标公司不同，招投标公司是通过提供招投标信息和对接客户赚钱，而我们是辅助律师（团队）更有效地中标。

就招投标本身来说，可以分为领先开局、中立开局和落后开局，这三种开局实际上揭示了律师参与大客户招投标的深度。第一类领先开局是我们最提倡的，相当于在大客户发布招标公告之前已经参与到大客户的项目中，甚至在一定程度上辅导客户更好地设计法律服务采购标准，把工作做在招投标之前了。这种情况下中标的可能性是非常大的，也最容易提出符合大客户要求的方案和报价。第二类中立开局，和中立地盘一样，更多是客户自己主动发起招投标，而不是律师辅助客户发起招投标，参与招投标的各方均有一定的机会，就看哪一方更能洞悉客户的需求，提出合适的方案和报价。第三类是落后开局，和领先开局相对应，相当于别的律师是领先开局，对其他律师来说就是落后开局，此时很大程度上参与招投标就是去陪标的，这种招投标有的时候其实没有必要参与，毕竟参与招投标也是一件费心费力的事情。

看到这里可能不少律师会提出疑问，我们所谓的地盘或者开局，这些信息律师怎么可能知道？这里的关键点就在于我们开发大客户的方式。一旦确定要开发的大客户名册之后，下一步就是通过各种方式、各类渠道与大客户接触上，也是我们之前案源开发流程中提到的触达客户，触达之后就需要了解客户，很大程度上我们了解客户是通过和大客户之间的互动交流实现的，比如行业内常用的高层互访、业务论坛、客户培训、活动对接等。在这点上甚至律所的党建工作都能发挥一定的作用，比如之前有的律所和客户之间会发起“党建交流活动”“联合党建活动”，也在一定程度上促成大客户和律师之间信任关系的建立。在这种互动交流的过程中，我们需要有意识地不断采集大客户的信息，律师对大客户越熟悉、越了解，才能在与同行的竞争中占据更有利的地位，相当于我们依托对大客户的认知建立起针对同行的“竞争壁垒”。而要做到这点，实务中我们研发出“重点企业信息卡”，用于简单记录大客户相关的信息。如果更进一步的话，可以通过一些数据的沉淀和分析做大客户信息的收集和整理，核心要旨在于更好、更及时地了解大客户的需求，持续为大客户提供更有效的法律解决方案，这是我们跟进大客户的主要目标。

当然对大客户开发还有一个很重要的特征就是“周期长”。从选择大客户、接触大客户、了解大客户到形成与大客户之间的业务合作，这是一个周期很长的工作，有的时候我们跟进一个大客户到顺利签单甚至需要一两年的时间。这是由大客户的特征和大客户案源开发的复杂性决定的。

而这点恰好是律师开发大客户的障碍所在，我们都知道律师行业发展到今天已有 40 多年，很大程度上是在走提成制的路子，也由此养成律师行业“创收短视”的习惯，用一句俗话来说就是“不见兔子不撒鹰”。但大客户开发恰好就是前期需要一定的时间和人员投入，并需要一个较长的周期才能回报变现。这点和多数律师的习惯是相背离的，因此不少律师说开发大客户难，其实很大程度上就难在这一点上。也因此不少律师转而求助于人脉关系开发大客户，更多建立和大客户之间的“勾兑关系”，但在当下律师行业监管强化的趋势下，这种方式不但不能持久，很大程度上还会让律师陷入危险的境地，并不是开发大客户正确的做法。

正如我们一直在强调的，对大客户的开发也是有方法有路径的，很大程度上还是遵循案源开发的基本规律，也需要和大客户先接触，再了解，后尝试，最终合作这样一个过程，按照我们前文的实战，律师未必不能找到适合自己的大客户案源开发打法。

五、内部市场案源开发

在案源开发中的内部市场开发我们单独作为一章来分享，主要原因在于一方面这是律所层面的案源开发，和前文提到的案源开发模式有所不同；另一方面这也是当前多数规模型律所主要的发展方向。在当下经济下行、律师人数增加、行业竞争日趋激烈的背景下，律所内部市场开发成为各大律所尤其是规模律所关注的一个重点。

实际上想要开发内部市场我们首先要了解内部市场，进而才能形成有效的开发方式。具体实战中，我们形成了“内部市场开发四大场景三大板块”：

1. 业务差异互补形成的内部市场

以我们辅导的劳动法律团队为例，劳动法律团队中有一个专项是“企业关停并转中的员工安置和员工谈判服务”。企业关停并转本身是一项复杂的商业行为，涉及的不仅仅是员工，还包括公司、股东、监管机构、第三方合作伙伴等多方主体的利益，同时涵盖公司、股权、债务、合规等多种类型的法律服务。

想要做好企业关停并转，无疑需要多领域的律师/团队通力合作，这就为律所内部属于不同业务领域，但在同一业务中可以互补的律师/团队之间的合作创造了条件。

而且不仅是企业的关停并转，目前企业客户和个人客户普遍追求的是“一站式法律服务”，这点和律师行业的专业化趋势是有冲突的。想要实现一体化法律服务，必然需要多个律师/团队的合作，这就是业务差异互补形成的内部市场。

当然，我们也可以以企业关停并转作为主营业务，组建关停并转所需要的业务团队。但即便是专做关停并转的业务团队，遇到客户多元化的需求，也会面临要么自己做，要么合作做的选择。但多数时候自己来做的成本可能更高，和专业律师/团队合作更容易控制业务成本。

正如我们经常提到的，“客户的多元化需求和律师的专业化发展之间存在矛盾，最好的方式就是组团合作，以产品化服务客户，以专业化发展自身”。

想要实现这个效果，律所内部的专业化建设就需要提上日程，而专业化建设在律所层面不能仅仅是鼓励、倡导，还需要在资金、案源、人员、运营等多个方面做专业团队/律师的辅助，真正让律师看到专业化不仅能吃饱还能吃好，更重要的是专业化更能实现律师的价值。

2. 地域合作增效形成的内部市场

地域合作增效通俗地说就是通过不同地域的律师/团队之间的业务合作，提升效率、降低成本。最典型的就是律师之间的调档合作，还有就是咨询合作、诉讼合作、专项合作。

还是以劳动法律领域的案例为例，比如我们的上海所有一个客户在北京部署了中转仓库，现需要对中转仓库的人员做裁员处理，如果由上海律师来北京的话，时间、精力以及对区域政策的熟悉程度可能不够，于是我们就委托北京团队合作处理。双方先做业务流程的搭建，而后结合业务流程做具体的分工安排，同时做好团队沟通、业务时间记录和阶段性成果汇报，实现了上海、北京两地团队的深度合作。

同时，这种跨地域合作还可以再进一步延伸，比如各个地域的人工成本不同，可以借鉴软件行业外包的方式，将部分业务如法律检索、法律研究、业务资料编撰外包给人工成本较低的地域；再比如，在集团型业务处理中，往往涉及跨地域的多个主体的联动协同，这个时候更需要跨地域律师/团队之间的深度合作。

实际上这种地域间的合作增效在所内律师之间已经自发地发生，我们所需要做的就是将这种自发合作进一步优化为长效机制，发挥各个地域分所之间的协同效应，这样各地分所的资源、人员也能得到进一步的盘活。对律所总部和优势地域来说是业务能力的地域扩张，对各地分所来说是客户服务能力的进一步提升。

当然说到还要做到，对于长效机制的建设，我们目前正在探索的模式是“城市合伙人计划”，简单地说就是以行业为板块、以产品为引领，将不同地域、不同分所的律师逐步纳入一个一个的城市合伙人体系中，进而逐步摸索体系中的分配和业务协同方案，逐步建立长效机制。

3. 团队业务分包形成的内部市场

第三个场景团队业务分包形成的内部交叉合作和律师团队专业化相关。律师团队的专业化在我们看来实际上是一个“不断选择，不断舍弃”的过程。

还是以劳动法律领域为例，劳动法律领域本身是一个专业领域，但按照创收占比又可以分化出一级市场、二级市场和三级市场。一级市场为创收占比高的业务，比如员工安置/谈判、高管解雇谈判、企业用工架构设计、人力资源法律尽调、跨国就业和派遣专项服务、劳务派遣和人力资源外包对接服务；二级市场以人力资源合规业务为主，包括劳动合同、规章制度以及其他雇佣类法律文件的起草和修订；三级市场以劳动诉讼、日常咨询为主。同时又可以按照目标客户群划分出高端、中端和普通客户。

律师团队的专业化就是不断开发一级市场或者高端市场，并逐步消化二级市场和三级市场的过程。部分律师团队的做法就是“聚焦一级市场，外包二、三级市场”，将更多的精力和时间放在一级市场的开拓和维系上，但对二、三级市场也不放弃，采用“外包合作”的方式，通过客户运营中心的对接，在律所内部实现业务的外包消化。

还有一种情况是律所团队在案源开发方面占有优势，可以获取大量的案源，而这些案源短期内无法通过自己的团队消化，于是就外包给其他团队/律师承接。

以我们辅导的新疆团队为例，新疆团队在乌鲁木齐本地具有优良的建筑行业渠道，但缺乏相应的人员去做建筑法律服务的承办，这个时候借助律所总部就可以直接对接北京/上海优质的建筑律师团队/律师，然后双方进行合作以已经成型的建筑法律产品为核心共同开发新疆地域的市场。这既是一种外包合作也是一种地域增效合作，运作的核心还是在于“对外整合客户资源，对内整合律师资源”。

4. 新型市场开发形成的内部市场

当前，创新成为推动经济增长的一个关键，而创新必然会产生一些新型的经济实体或者经济形态，与其匹配的法律服务就成为法律行业的“蓝海”。

以平台用工为例，类似于滴滴、美团、猪八戒网这类平台企业，它们的用工模式已经突破了原有企业的雇佣用工。平台用工模式下，传统的劳动法律服务开始转为和外包、众包、数据、隐私、组织架构设计、税务筹划相结合的综合性法律服务。

相应地，传统的劳动法律师/团队需要转型，开拓新型市场，而这个开拓的过程，也是劳动法律师/团队与其他业务团队相互合作的过程。依托客户运营中心，双方共同选定一个目标市场，针对这个目标市场做法律产品研发，而后通过推广法律产品，依托法律产品获取客户、占领市场。

当然目前还有不少新型的业务，比如我们正在推进的数据合规、新消费法律产品、企业危机公关专项产品。这些新产品是根据前文提到的“一个中心，两个基本点”的操作产生的，但还需要整合客户、律师、分所、团队各方面的资源，才能真正地落地，实现共赢的创收模式。

但上面四大场景还仅仅是内部案源开发的动因，实际上目前更多是律师之间自发地在做交叉业务合作，在律所层面还需要进一步引导，才能形成内部市场开发的长效机制，具体操作上可以考虑从3个层面入手：公共案源中心、数字化常法中心、团队案源技能辅导（见图6－6）。

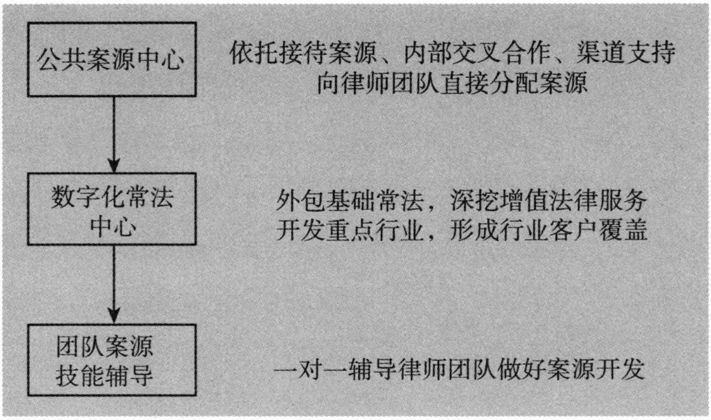

图 6－6 内部市场开发长效机制

第一部分是公共案源中心。以德恒西咸为例，实际上德恒西咸发展了这些年，不论是品牌还是各方面的资源渠道已经具备了一定的优势，这种优势带来的一个直接好处就是“公共案源”，比如最常见的前台接待案源、电话咨询案源，这是律所可以直接分配给各个律师团队的案源。但这一部分案源数量有限，想要公共案源中心进一步发挥作用，让律师团队感知到律所的案源赋能，还得进一步深挖公共案源开发机制，所以后面我们又陆续投入开发了几个板块的公共案源。

例如，和部分优质的法律服务公司合作，这类法律服务公司本身就在做案源的开发，也希望有优质的律所合作做承接，借力打力，这类法律服务公司可以成为律所公共案源开发的合作方；又如对资源和渠道的整合，比如基层调解组织建设、西咸法律服务产业园、企业服务类公司，这些通过深度开发的话都可以成为有效的案源渠道，也能给律所带来直接的案源；再如，一些外部的合作机构、律师同行尤其是德恒体系内部的同行，会有一些推荐案源，这部分案源随着我们和行业的互动越来越多，也会成为公共案源的一个重点板块（见图6－7）。

图6－7　可以直接分配的公共案源

当然公共案源可能参差不齐，优质案源和一般案源杂糅在一起，想要发挥作用，还不能直接抛给律师，需要建立起公共案源的筛选机制，提升律师对接公共案源的成功率。这实际上也是运营可以向律师案源赋能的部分，相当于将律师可能要承担的案源筛选工作交由经过培训的运营人员完成。

这部分案源赋能是直接将案源给到律师，由律师具体承办，至于分配比例，德恒西咸内部也有一定的分配规则。

第二部分的案源赋能是数字化常法中心。这是不少律所曾经尝试过但没有做得很好的板块，其实大家都知道数字化常法中心有好处，最起码可以实现客户资源的整合，但同样绕不开的一个问题就是提成制律所做数字化常法中心会不会动律师的客户？

律所自己能掌握的案源就是前文的公共案源，这个由律所统一分配没有什么问题。但提成制律所做数字化常法中心是以律所为主导，会发现既没客户基础，也没业务能力，更难建立起独立的案源开发机制，因此我们看到大多数常法中心做得不错的是一体化律所，就相当于按照企业的运作方式，由一体化律所统一调配资源，落地常法中心也不是多困难。但提成制律所想要长远发展，常法中心绝对是一个绕不开的坎，只有通过常法中心我们才能实现对客户的深度开发、跟进服务，也只有通过常法中心我们才能帮助其他非常法团队外包常法业务，更好地专注品牌业务，实现团队专业化、品牌化的落地，更重要的是这样才能逐步具备和一体化律所竞争的能力。

因此，对提成制律所来说，常法中心做不做已经不是一个选择题，而是一个单选题，必须要做，还必须要做好，这个时候就需要结合提成制律所的情况想办法。

我们对于具体做数字化常法中心有 3 个方面的经验分享：

（1）依托一个成熟律师团队转化律所常法中心。以往律所的做法可能是律所直接投资做常法中心，钱的问题、人的问题、能力问题都很难解决，有的甚至连启动都没法启动。而德恒西咸有一个天然的优势就是内部有一个团队，是他们的践行团队，他们团队做品牌定位的时候就定位为企业法律服务，以常法业务作为团队主打业务。这个时候德恒西咸做常法中心不用从头开始，而是依托践行团队打造律所常法中心。一方面践行团队经过多年的积累，手头已经有 70 多家常法顾问，积淀和形成了常法客户开发和业务承办的经验和人员；另一方面践行团队本身也有开发律所内部各个团队常法业务交叉合作的想法。这个时候水到渠成，德恒西咸就把践行团队作为常法中心的主体，以一个成熟团队做律所常法中心的转化。

（2）确定律所与团队的合作意向之后，就需要进一步打造常法中心的运作能力，然后进行团队和资源对接。

第一步是打造常法中心自身的能力，包括刚刚提到的法律产品研发、知识管理、品牌运作、案源开发都会给常法中心做配置，尽快提升常法中心服务客户、承办业务的能力，毕竟打铁必须自身硬，常法中心自身能力提升之后才有可能做好与其他团队之间的合作。

第二步是做试点，在常法中心业务能力提升的基础上，先选择合适的团队与常法中心对接，将部分存量客户委托常法中心代管，而后定期做评估和优化，摸索出常法中心代管客户的运作模式，运作模式成熟之后再进一步扩大推广。

第三步就是常法中心的扩大推广。但这里需要注意，按照我们目前的操作思路，其实常法中心可以在不动团队客户的情况下，与团队进行深度合作，简单地说常法中心需要的实际上不是其他团队的客户，真正需要的是客户信息。目前我们正在尝试借助一些工具搭建起律所内部统一的客户信息系统，有了这些信息之后，常法中心会定期召开“客户数据分析暨需求研讨会”，然后在需求确定的情况下，为客户配置已有的法律产品或者研发新的法律产品，以法律产品作为专项，和其他团队一起做客户的增值法律服务开发。

这样的操作模式，既能解决律师/团队不愿意、也没有人做客户基础服务和深度开发的难题，也因为常法中心的诉讼和专项还会回馈给律师/团队，消除了律师/团队对客户流失的担忧，律所层面也依托常法中心有了自己的案源和客户，可以有更多的资源和人员做客户的深度开发。

（3）以常法中心做各个团队基础常法业务的外包，实际上让业务律师有更多的时间和精力去开发新的业务，同时对客户增值法律服务的开发也是由常法中心和业务律师通过例会的方式推进。还有一点，我们在实际的操作中会进一步强化常法中心对企业客户的案源开发能力，将常法中心作为律所公共案源的一部分，不过不同于前文的公共案源，常法中心会结合各个团队的品牌定位、业务板块做专项案源的分配，进一步依托常法中心为律师团队做案源赋能。

最后一个板块是团队案源技能辅导，传统团队做案源主要是依靠人脉关系、口碑传播，但这两种案源开发方式数量有限且不持久，我们目前探索的案源开发方式是市场化案源开发。

在市场化案源开发方面，各个律所在做赋能的时候经常犯的一个错误是抛开律师，律所自己组建市场部。实际上除了特定领域比如婚姻、道交、劳动等 C 端领域，多数领域的市场开发主体还应该是律师，而不是市场部，律所在这个层面做案源赋能不应该直接给律师团队案源，而应该帮助律师团队提升案源开发能力。

对于这个环节，我们实战之后的结论是“不同律师团队，品牌定位不同，人员架构不同、目标客户群不同，没有统一的案源开发方法”。但没有统一的案源开发方法并不是说就放弃不做了，而是需要结合团队的实际情况，做一对一的案源开发辅导。

比如针对一般企业客户的开发，目前摸索出来的经验是“企业客户案源开发四步走”，包括渠道梳理、企业研究、活动运营、产品跟进。但对于类似于建工的领域，行业法律服务已经很成熟，内部的竞争激烈，几乎 80% 的律师可以说自己做建工业务。对这个领域的案源开发，更多是以头部企业深度开发、行业上下游资源衔接、小型精准沙龙等方式做外部案源开发。

六、数字技术案源开发

说了这么多，我们忽然发现案源开发并不是一件难事，更不是一件值得律师为之焦虑的事情，要说起来很简单，把握好了4个要素就能做好案源开发。

第一个要素是“客户”。我们以往太过于关注案源线索（谈案机会），但要知道案源线索的背后是客户，案源的发生可能是偶发的，但客户是恒定的。如果能通过客户社群（私域）的运营，聚集自己的目标客户，进而建立和客户之间的信任关系，再核算出客户群案源发生的概率，这样就能将偶发的案源做成案源开发的长效机制。这点正如我们前面提到的，做钢贸领域业务先锁定钢贸商客户，而后通过“钢贸法律会员”引流客户，通过会员服务建立客户社群，而后再通过钢贸诉讼实现创收。其核心的逻辑在于对客户的获取和运营，拿下了客户自然会有案源的发生，而不是仅仅把眼光盯在案源线索上。

第二个要素是“场景”。我们需要在客户的基础上把握客户发生法律纠纷的场景。比如涉刑事的人员，一般对接的律师就是帮客户做刑辩业务，在罪名或者量刑上下功夫，但如果深入到客户场景，我们会发现人员涉刑之后对家庭的影响是巨大的，家庭稳定就是涉刑人员家属所面临的场景。在这个场景下客户迫切需要找到合适的人解决家庭稳定问题，而我们辅导的成都锦瑟团队会陆续推出针对这类场景的法律产品，帮助客户解决人员涉刑之后的家庭稳定问题，以法律产品来驱动案源开发。

第三个要素是“品牌”。“客户 + 场景 = 案源线索”，发现了案源线索需要跟进对接客户，但当下客户找一个律师很容易，会更多地“货比三家”。这个时候律师需要通过品牌给客户一个选择我们的理由，一方面将客户吸引过来找我们，另一方面通过接待、谈案、跟进、回访让客户切实感受到品牌的价值，做出和我们签约委托的决定。

第四个要素是“复购”。我们会发现不少律师和客户有点“一锤子买卖”的味道，虽然业务可能做得也不错，客户也满意，但业务完结之后很少再去跟进客户，更深度地发掘客户的终身价值，律师不主动，客户也很难形成复购，更别说老带新推荐案源了。这就需要在业务体系上下功夫，围绕开发客户终身价值的目标优化原有的业务体系，将原来的一次性法律服务变成可复购的法律服务，这样的话即便是依托存量客户的开发，也能解决案源的问题。

因此律师焦虑的不是案源，是案源开发的有效方法。

不过有的律师可能会说了，这些道理我们都懂，关键在于如何执行，更在于如何与自己律所、团队的实际情况相结合，形成可以落地执行的方案或者规划。

事实也确实如此，我们在辅导团队做案源开发的时候也一再强调案源开发没有什么普适性的打法，需要和律所、律师的实际情况相结合，但我们同时也发现有一些工具可以促成案源开发更好地落地，这些工具就是“数字技术”。正如前文提到的，我们把案源开发分成了4个要素，这4个要素的落地都可以引入数字技术辅助：

（1）目标客户精准对接

我一直认为数字化较之于我们传统的案源开发方式，最大的优势在于“精准”，实际上我们之前做案源开发很大程度上就是在做案源开发的漏斗：先确定目标客户，然后通过各种方式接触目标客户，再和目标客户建立信任关系，之后就是案源线索的挖掘、谈案签约的跟进、法律服务（产品）部署、客户后续跟进，每一个环节实际上都会流失掉一些客户，很大一个原因就是客户的“精准度”不高。举个很简单的例子，不少律师当下在做短视频，有做抖音、快手的，也有做视频号、小红书的，而且有个别律师的粉丝量已经达到百万甚至千万级，虽然有这么大的流量，但后台真正转化为有效案源的并不多，很大程度上就在于客户太泛泛了。很多客户其实就是觉得视频好玩、有趣、有价值才会关注律师，而不是因为有法律需求而关注律师，而且即便是客户有法律需求，有一部分只是想多个咨询的对象，也并非就一定要和律师签约委托，这就导致即便是前端做好了短视频的运作，吸引了大量的粉丝，后端也做好了案源承接的机制，但因为粉丝不够精准，太过泛泛，始终很难形成大批量的案源转化。

相比于做短视频，在今日头条、微信、美团上做投放案源也是这两年不少律师在尝试的案源打法，其中最典型的就是庭立方，其专门从互联网行业招募了相应的技术人员，通过网络投放开发有效的刑事案源。这种方法之所以有效，算法在其中起到了很关键的作用。正如微信的投放，会通过大量的数据标签识别客户的类型、客户内容倾向、客户兴趣点等，而后有针对性地投放匹配的内容，也就是互联网公司常说“千人千面”，借助算法能够更精准地识别目标客户，匹配投放内容，形成批量的案源转化。

两者都是以内容为媒介做案源开发，一个是律师自己做，一个是借助别人做，内容可能没多大变化，但客户的精准度差别会很大，效果也有很大差别。但我们要注意，这仅仅是数字化在案源开发中最简单的应用，而且还不是律师自己做的数字化，是类似于今日头条、微信、美团这些大平台做的数字化，律师只不过借助平台的数字化做好自己的案源开发。

这点其实也揭示了数字化的一个真相：法律行业近年来虽然一直在提数字化，但数字化的基础是大数据和算法，大数据被越来越集中地掌握在大型的平台或者互联网公司手中，而算法仅仅是核算算法工程师的工资都是一笔大开支，更别说将算法实际应用于案源开发，数字化在这个层面是一个门槛相当高的领域。对律师来说，更好的打法不是自己投入做数字化，而是更有效地借助数字化平台做更多的业务场景包括案源开发的融合。

（2）客户场景智能识别

第二点是客户场景，正如前文提到的：“客户 + 场景 = 案源线索”，我们希望通过更多的方式可以更及时、更精准地识别到案源线索，尤其是及时性，最好能在客户需要律师的第一时间就对接上客户，这是所有做过案源开发的律师都希望达到的状态。

传统的方式下要做到这一点，我们借助的是和客户接触的频次以及资深律师的经验。比如交通事故法律服务的案源开发，这是市场化案源开发做得比较充分的领域，也是借助渠道做 C 端个人客户，在个人客户发生交通事故之后介入，代理个人客户与车主、保险公司对接、谈判、诉讼，帮助个人客户维权。这类业务的案源开发离不开资深律师的经验和洞察，他们也是在做的过程中发现骨科医院、交警大队、各大医院的急救中心是案源线索开发的优良渠道，进而和这些渠道对接，从渠道中导流交通事故案源线索，再进一步安排专人跟进，最后形成签约委托。

大家也应该看到，这种方式其实和数字化距离很远，基本上不需要什么数字化，当然如果想要提升效率的话，可以考虑采购一些第三方工具类似于加推、纷享销客等辅助案源开发流程更好地运转。也有一些专业做交通事故的律所会在达到一定的规模之后自己研发系统。但从某种意义上来说，这仅仅是效能工具的引入而已，你说它是数字化也对，毕竟有一些流程实现了线上操作，效率相对来说也提升了。但这些东西在数字化这个概念出来之前就已经有了，是用新的概念来重新定义老的东西，这个时候的数字化仅仅相当于一个“外包装”，没有多少实际意义。

在客户场景环节，我们理解的数字化更多应用在“法律预测”领域。

法律预测是笔者个人创设的一个概念，与商业预测相对应，其实也容易理解，即在案源开发上我们能不能提前预知客户即将发生法律纠纷、发生什么类型的法律纠纷，而后提前做好布局和规划，等客户发生法律纠纷的时候更好地将客户吸引过来与我们对接谈案。这就是法律预测，理解起来容易，但想要落地难度很大。

而商业领域的数字技术支撑的商业预测却给了我们一些落地的启发。大家应该知道，早期数字技术做宣传的时候经常提到一个典型的案例，即全球零售业巨头沃尔玛在对消费者购物行为进行分析时发现，男性顾客在购买婴儿尿片时，常常会顺便搭配几瓶啤酒来犒劳自己，于是尝试推出了将啤酒和尿布摆在一起的促销手段。没想到这个举措居然使尿布和啤酒的销量都大幅增加。看到这个案例的时候我们就在思考，有没有可能我们可以提前预知哪一类诉讼会在未来一段时间集中爆发，然后我们提前做这类诉讼的宣传，让受众都知道我们在这类诉讼中的专业度，形成一定的品牌影响力。那么诉讼一旦爆发，相应的案件也会有很大比例集中到我们这里，转化为有效案源。实际上北京天同律师事务所做的融资性贸易诉讼纠纷的布局就有些类似“法律预测”，其在融资性贸易诉讼爆发之前就做了相应的品宣工作，也为后续对接融资性贸易的案源打好了基础。

再进一步在做成都锦瑟团队辅导的时候，因为成都锦瑟团队当时创收的主要来源还是婚家诉讼，笔者设想过一个项目，想通过数据分析的方式分析能否提前预知哪一类客户会在什么场景下发生婚家纠纷，包括婚家纠纷发生的一些迹象能否提炼出来，再进一步分析客户发生婚家纠纷之后一般的行动模式是什么样的，包括通过什么样的方式处理婚家纠纷，会对接哪些渠道、哪类人员，做出哪些咨询等，核心的目标就是希望通过数据分析改变以往做案源开发决策依托于经验的方式，希望通过引入《成都市婚家诉讼业务市场分析报告》更好地帮助律师做出案源开发的决策，进而找到更适合的案源开发方式。

比如我们在做的过程中发现民政局可能是婚家纠纷发生后双方当事人会去的一个场所，不管是咨询还是办理手续都会涉及这个地点。这一发现也同时指导我们在做网络投放的时候考虑在高德地图上做投放，针对将民政局设为行程终点，且频次不高的人群做投放。这种打法其实也算是法律预测的场景之一。

但后来我们发现，想要做好法律预测仅仅靠外部的数据还不够，还需要更多的客户行为数据。正如沃尔玛能做出啤酒和尿不湿的预测，很大程度上依托的是海量的客户行为数据，再通过算法的分析，发掘出客户购买行为的关联关系。但当下，律师做法律预测最缺乏的也是客户行为数据。

一方面是因为之前我们很少去做客户数据的沉淀和分析，更多是通过电话、微信、电邮、线下和客户交流互动，这些数据之后基本上就遗失了，也没有人去做收集整理；另一方面是在律所层面，不少律所虽然部署了 OA 系统，但因为客户数据分散在各个律师手里，能上传到 OA 系统的客户数据非常简单，有的甚至只有客户的名称、对接律师、业务类型、业务金额，其他的数据一概没有。这还是针对和律师已经签约的存量客户，存量客户数据都是这种状态，更别说还没有签约的大量目标客户，对目标客户的数据只会更少，更不足以支撑律师对客户行为作出预测。

当然这仅仅是我们当下面临的一些障碍，虽然还没有找到合适的解决方案，但我们相信通过数字技术做法律预测的方向是有价值的，并且我们也在这个方向上摸索了一些实战的打法，虽然很简单，但未来可期，相信随着数字技术的发展，这些问题也能一步一步地解决，这个信心我们还是有的。

（3）律师品牌数字营销

在案源开发板块，律师品牌实际上起到了两方面的作用，一方面是给客户一个选择我们的理由，相当于在和同行竞争中借助品牌给自己加分，让客户选择我们；另一个方面在于可以借助品牌引导做好客户体验和后续的维护跟进。

就第一个作用来说，数字化还是有一定操作空间的。以庭立方为例，庭立方的前端有专门的人员对接案源线索，对接到案源线索之后需要匹配合适的律师承办。这个时候律师的个人数据就很关键了，而这些个人数据中又有相当一部分属于品牌数据，比如律师过往的成功案例、写的文章、做的视频、出版的书籍、做的课程或者一些日常的动态，包括办理类似案件的经历，这些都会作为匹配律师的考量引入。庭立方做到现在已经有大量的刑事律师入驻，案源线索进来之后的承办律师分配就需要有相应的算法做支撑，才可以为客户更好地匹配合适的律师。对于这点再延伸一步，规模型律所内部实际上也需要类似的支持，比如规模型律所公共案源的分配、律所内部交叉业务的合作都需要以律师个人品牌数据作为匹配的依据，通过数据能够更好地给客户一个选择律师的理由。

第二个作用是引导做好客户体验和后续的维护跟进，这是品牌价值的集中体现。在引入数字技术之前，我们做客户的体验或者维护跟进更多是基于感觉做评价，或者是我们自己的感觉，或者是客户的感觉，大家会觉得还不错。比如我们之前判断一个客户是否对律师认可有一个明显的标志是“客户在朋友圈中感谢律师”，这类客户可以说对律师是比较认可的，但这同样面临一个不够精准的问题。而数字技术的引入可以在一定程度上给客户体验、客户关系定一个可以量化的标准，这是传统的方式无法实现的，而具体的应用场景就是存量客户的案源推荐，或者说就是我们常用的老带新的案源开发机制。

还是以成都锦瑟团队为例，成都锦瑟团队之前沉淀了大量的老客户，但大家也知道单一做婚家诉讼很难形成客户的复购，因此从2023年开始我们先给成都锦瑟团队做了业务板块的梳理，将业务板块分为婚家调解、婚家诉讼、婚家执行、女性法律服务四个板块，每个业务之下又会研发相应的法律产品。针对老客户，我们推出的产品是“女性私人法律顾问”产品，希望通过这款产品使老客户产生更强的黏性，也能进一步维护好老客户，借助老带新机制带来更多的案源线索。在这个过程中产品的部署实施就很关键。“女性私人法律顾问”这款产品的部署落地会在很大程度上通过线上完成，相应地借助一些支持系统我们也能沉淀下客户相应的数据，而有了客户数据之后，再通过每周复盘会的方式分析客户数据，依托数据优化我们的服务过程，以便于更好地提升女性客户的满意度，也只有客户对我们满意了才能进一步推进客户的案源推荐。

这也是数字技术在品牌层面的一个应用，不过同样是很简单的一个数据分析的应用，并不是我们所想象的那么高大上的应用场景。

以上几个场景实际上也揭示了当前律师行业对数字化的应用还处于很基础的阶段的情况，正如我们一直在说的“对数据的使用程度决定了数字化的水平”。当下我们律师行业对数据的应用还处于指导决定、法律预测或者精准识别的阶段，这些工作在数字化之前就已经在做了，只不过通过数字化技术效率能得到一些提升。

当然对数字化的未来发展方向我们还是比较看好的，再加上笔者本身也有过法律科技公司的从业经验，也了解一些数字化在法律领域的深度应用，而这些应用多在智慧法院、智慧检察院的建设上，比如裁判文书自助生成系统、类案推送系统、检察院的智能化证据展示、线上庭审系统等，法检两院的数字化肯定会在一定程度上倒逼律师行业落地数字化，这个方向没有问题。只不过在实现的路径上必然会有一些障碍，比如当下律师行业基本上处于“数据孤岛”的状态，数据分散在各个律所、团队甚至律师自己手里，很难形成真正的数据融合，而且这些数据一般都不公开，也不能为他人所应用，包括目前正在做律师行业 SAAS 系统的企业也因为覆盖度和保密的问题，无法对律师的业务数据、客户数据、知识数据加以使用。

对于数字化如何更好地落地以及这些障碍怎么解决，目前我们还处于摸索阶段，还没有一个真正有效的解决方案。不过这算是行业留给我们的操作空间，如果所有问题都解决了，恐怕我们也没什么机会了。

附录：

案源开发常用工具

1. 法律服务分层设置图谱

本表主要依据《专业服务公司的管理》做法律服务分层梳理，并以此作为律所内部各个团队品牌定位、业务结构、案源开发、组织优化的参考，同时作为律所内部市场开发的分配依据。

板块分层	公共业务集群	团队业务集群	专家业务集群
服务类型	效率型业务	经验型业务	智慧型业务
业务范例	基础常法服务	破产重整业务	高端商事诉讼
客户选择	这类业务成熟度较高，不同法律服务商的品控和结果的交付差别也不大，客户更多倾向于选择报价较低、反应速度较快以及可靠性较高的法律服务商	这类业务创新性和个性化不高，但客户对品控和结果要求较高，倾向于选择有过同类项目成功经验的律师，以保证对结果的预期	这类业务个性化比较强，客户对服务的品控和结果要求较高，需要创新性的解决方案，也愿意为此支付相应的费用，倾向于选择行业内有一定知名度的专家型律师
人员配置	团队多以初级人员作为业务承办的主体，骨干律师负责维护客户关系和把握交付品控	团队以资深律师为引领，负责维护客户关系和把握交付品控，以骨干律师作为主要办案人员，并配置一定的辅助人员	团队以资深律师为主，由资深律师做具体业务承办，配置部分辅助人员，一般团队规模不会太大

续表

作业要求	流程化、标准化作业，强调在保证品控的基础上降低人员投入和时间投入，以便控制成本，并提供更有竞争力的报价方案	产品化作业，既有一些通用模块可以复用，也包含一些个性化设置，多以法律产品的形式做成果交付	精细化作业方式，注重业务创新，精准诊断客户问题，并为客户提供更多定制化的服务
培训机制	先建立此类业务 SOP 流程，并通过短期培训的方式让更多初级人员上手业务，既可以由 1～3 年级律师承办，也可以交由非法律人员承办	内部采用产品化集中培训、项目复盘、业务知识库相结合的方式，以培养更多骨干律师为培训目标	内部采用师徒制或者教练式培训，倾向于培养更多的业务专家
品牌打造	以团队品牌打造为主，多以流量投放、渠道转介、内容营销为手段，将“靠谱、高效、平价”作为主打的品牌内涵	以产品（业务）品牌打造为主，面向客户（同行）做产品（业务）品牌，以产品作为载体建立品牌影响力	以专家个人 IP 打造为主，主要通过文章、书籍、课程等专业内容输出，并积极参与政策法规制定，以获得专业委员会资格或者立法参与资格，并在律师同行以及客户面前建立专家形象

续表

案源开发	由市场部人员（非律师人员为主）作为案源开发的主体，多采用大规模、低成本的营销方式，比如网络投放、电销（会销）、转介渠道等方式批量化获取有效案源	由资深律师作为案源开发主体，以专项产品为核心，配合品宣、渠道、解决方案营销，以产品所瞄准的同类型客户为对象做主动案源开发	由资深律师作为案源开发主体，以专家品牌打造作为案源开发的核心，注重通过品牌吸引（同行转介）客户主动对接
规模发展	业务利润率不高，客单价有限，多采用市场化的营销方式做批量业务，以数量换收益	侧重于同类客户的客户占有率开发，前期客单价较高，后期在控制成本的基础上倾向于低客单价、高业务体量	侧重于在保持品牌调性、高服务单价的基础上进一步扩大业务体量

2. 律师（团队）案源开发规划表

规划表用于辅助律师（团队）设计年度案源（创收）规划，建议结合律师（团队）实际情况填写，同时注意：

（1）借助上年度案源分析做本年度律师（团队）案源开发的资源、人员、渠道、业务板块等优势条件分析，以此建立本年度案源开发的基础；

（2）建议将案源开发方式按照增长潜力分为“重点案源开发方式”和“非重点案源开发方式”，非重点维持，重点做优化和规模化；

（3）建议以 OKR 的方式做律师（团队）案源开发的实际部署，并结合不同的案源开发方式匹配相应的人员、资源。

本年度创收目标									
上年度创收目标									
上年度创收来源与案源模式拆解									
律所公共案源			关系推荐案源		外部市场案源		内部市场案源		
前台接待	值班咨询	所内推荐	熟人推荐	同行推荐	线上开发	线下开发	律师转介	团队合作	跨所合作

续表

<table>
<tr><td colspan="10">律师（团队）案源模式优化分析</td></tr>
<tr><td colspan="3">业务形态</td><td colspan="2">客户选择</td><td colspan="2">规模体量</td><td colspan="3">人员配置</td></tr>
<tr><td colspan="3"></td><td colspan="2"></td><td colspan="2"></td><td colspan="3"></td></tr>
<tr><td colspan="10">本年度创收来源与案源模式拆解</td></tr>
<tr><td colspan="3">律所公共案源</td><td colspan="2">关系推荐案源</td><td colspan="2">外部市场案源</td><td colspan="3">内部市场案源</td></tr>
<tr><td>前台接待</td><td>值班咨询</td><td>所内推荐</td><td>熟人推荐</td><td>同行推荐</td><td>线上开发</td><td>线下开发</td><td>律师转介</td><td>团队合作</td><td>跨所合作</td></tr>
<tr><td></td><td></td><td></td><td></td><td></td><td></td><td></td><td></td><td></td><td></td></tr>
<tr><td colspan="10">本年度重点板块案源开发目标、责任、人员、资源、KR 拆解</td></tr>
<tr><td>类型</td><td colspan="2">案源开发目标</td><td colspan="2">案源开发方法</td><td colspan="2">匹配人员</td><td colspan="2">匹配资源</td><td>KR 设计</td></tr>
<tr><td rowspan="3">线上</td><td colspan="2"></td><td colspan="2"></td><td colspan="2"></td><td colspan="2"></td><td></td></tr>
<tr><td colspan="2"></td><td colspan="2"></td><td colspan="2"></td><td colspan="2"></td><td></td></tr>
<tr><td colspan="2"></td><td colspan="2"></td><td colspan="2"></td><td colspan="2"></td><td></td></tr>
</table>

续表

类型	案源开发目标	案源开发方法	匹配人员	匹配资源	KR 设计
线下					
第三方合作					

3. 市场化案源开发闭环

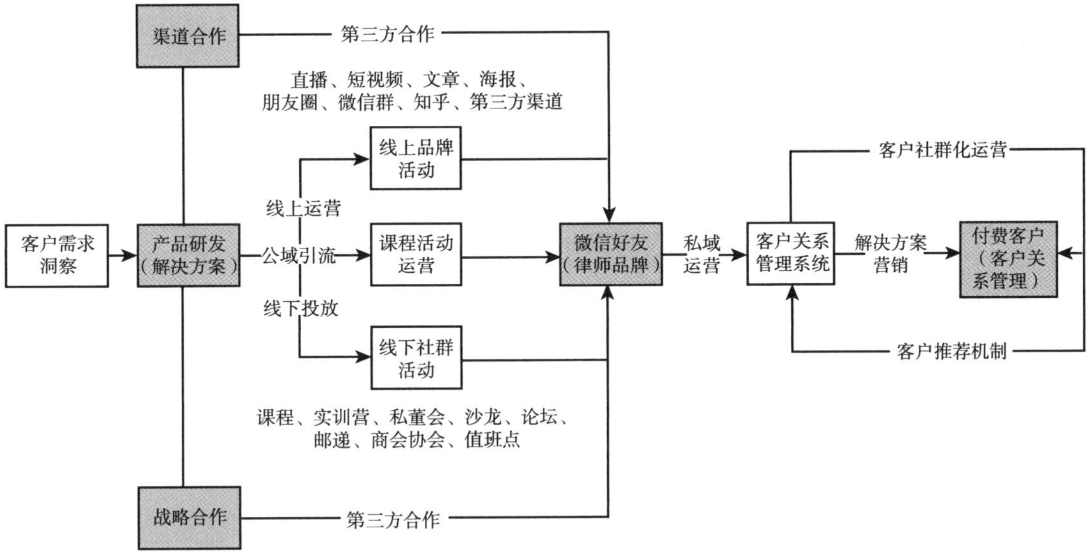
渠道合作
第三方合作
直播、短视频、文章、海报、
朋友圈、微信群、知乎、第三方渠道
线上品牌
活动
线上运营
客户需求
洞察
产品研发
（解决方案）
公域引流
课程活动
运营
线下投放
线下社群
活动
课程、实训营、私董会、沙龙、论坛、
邮递、商会协会、值班点
战略合作
第三方合作
微信好友
（律师品牌）
私域
运营
客户关系
管理系统
解决方案
营销
付费客户
（客户关
系管理）
客户社群化运营
客户推荐机制

4. 市场化案源开发八步法

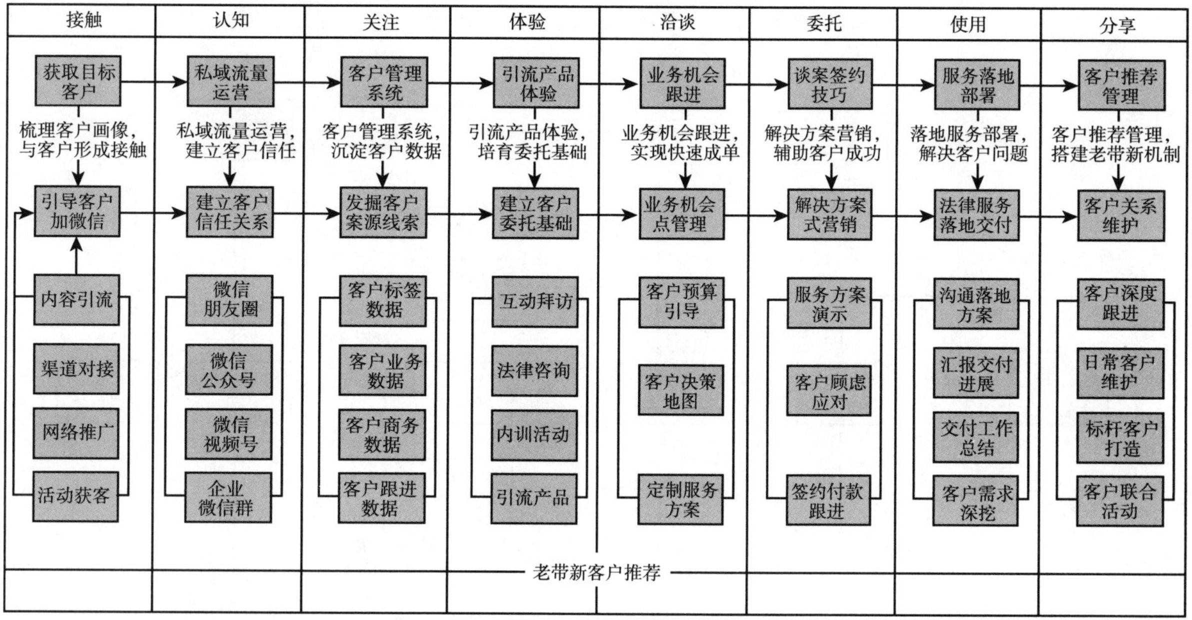

5. 线上案源开发闭环

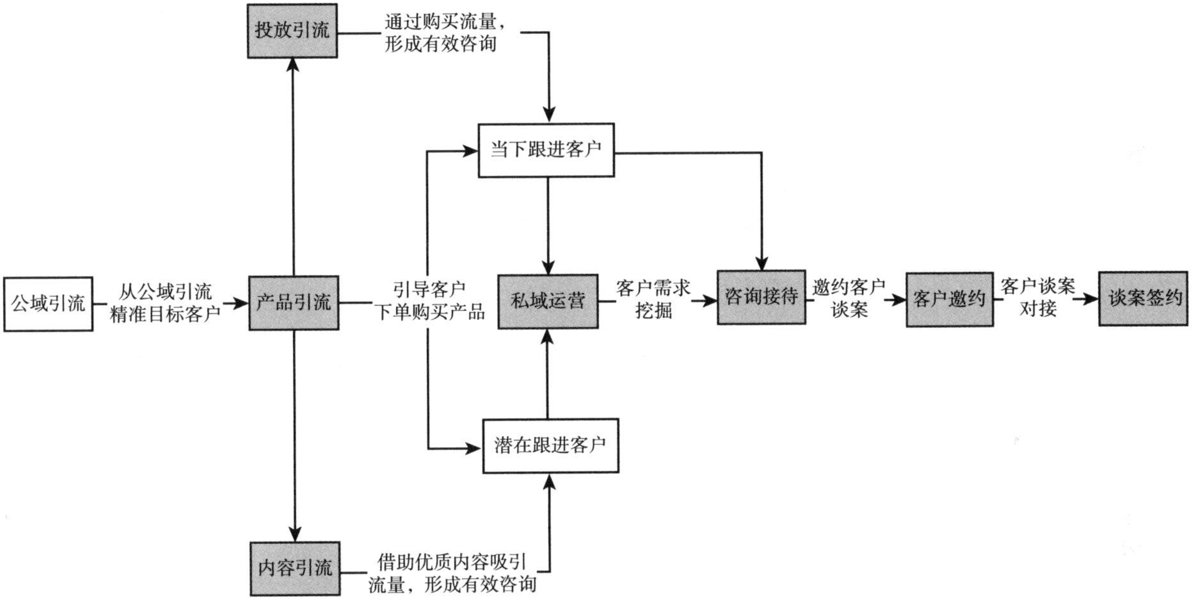
公域引流
从公域引流
精准目标客户
产品引流
投放引流
通过购买流量，
形成有效咨询
引导客户
下单购买产品
内容引流
借助优质内容吸引
流量，形成有效咨询
当下跟进客户
私域运营
潜在跟进客户
客户需求
挖掘
咨询接待
邀约客户
谈案
客户邀约
客户谈案
对接
谈案签约

6. 线下案源开发（电销端）

客户数据筛选	电话邀约内训（活动）	客户内训安排（活动）	客户谈案签单	客户业务部署
确定筛选标准 ↓ 按照课程、渠道做客户信息筛选 制作客户名册 ↓ 通过阿尔法系统导出客户名册 检索客户电话 →	设计邀约话术 ↓ 由电销团队负责，首批电话跟进 安排电话跟进 ↓ 借助法数云系统，填写跟进记录和客户标签 填写跟进记录 →	安排培训讲师 ↓ 每个主题课程三个讲师，由案源负责人统一安排 培训现场管理 ↓ 对客户电话培训回访，发掘谈案机会 发掘谈案机会 →	谈案事宜安排 ↓ 以谈案小组为主体，沟通谈案时间、地点 主办律师谈案 ↓ 对客户电话回访，推进客户签约 谈案客户回访 →	客户签约跟进 ↓ 业务机会跟进，实现快速成单 客户签约仪式 ↓ 签约之后，拉企微服务群，沟通服务事宜 服务落地部署
由案源负责人负责每月客户数据筛选 并安排律师从阿尔法系统导出客户名册 客户名册导出后交由电销负责人 由电销负责人安排人员检索客户电话	由案源负责人、电销负责人对接设计邀约话术 设计好之后交由电销负责人做人员话术培训 并安排具体人员电话邀约	由电销负责人根据电话邀约情况形成“待培训客户目录”，并与案源负责人对接 由案源负责人做讲师的具体安排 每家企业安排2名人员，1名讲师负责课程分享，1名辅助人员负责课程跟进和现场管理 培训结束后及时与电销负责人沟通 由电销负责人对培训后的客户做回访，发掘谈案机会	由电销负责人根据培训电话回访形成“待谈案客户目录”，并与案源负责人对接 由案源负责人做谈案律师的具体安排 每家企业安排2名人员，1名为主办律师，负责谈案，1名辅助人员负责谈案配合	由辅助人员向案源负责人汇报谈案成果 谈案成功的，由案源负责人安排签约仪式，并在企微建立服务群，部署后续服务 谈案未成功的，反馈给电销负责人安排人员做客户回访跟进，并记录跟进结果

7. 第三方合作案源开发（渠道端）

<table>
<tr><td colspan="10">第三方合作渠道梳理表</td></tr>
<tr><td colspan="10">使用说明：
本表单用于梳理、优化、固定第三方合作渠道，并借助第三方合作渠道实现客户获取、站台背书以及案源开发。实务中可以考虑从三个方面入手做第三方合作渠道梳理：
1. 识别渠道，将目标客户聚集的渠道做梳理，并分析各个渠道的需求点，找出双方合作的（共赢）切入点，以便从这些渠道精准引流；
2. 精准引流的方式应结合渠道特征做设计，以线上微课、线下实务课、知识视频、知识手册、法律咨询作为主要的引流方式；
3. 将合作渠道流量引流至企业微信（微信好友），并在引流的过程中填写客户信息登记表，并做好客户标签记录，进一步通过社群做有效案源转化。</td></tr>
<tr><td>渠道类型</td><td>合作渠道</td><td>对接人员</td><td>渠道分析</td><td>合作方式</td><td>推进进展</td><td>负责人员</td><td>合作物料</td><td>匹配产品</td><td>备注</td></tr>
<tr><td rowspan="3">微信社群渠道（目标客户聚集的微信社群）</td><td></td><td></td><td></td><td></td><td></td><td></td><td></td><td></td><td></td></tr>
<tr><td></td><td></td><td></td><td></td><td></td><td></td><td></td><td></td><td></td></tr>
<tr><td></td><td></td><td></td><td></td><td></td><td></td><td></td><td></td><td></td></tr>
</table>

续表

渠道类型	合作渠道	对接人员	渠道分析	合作方式	推进进展	负责人员	合作物料	匹配产品	备注
KOL 背书渠道 （在目标客户群体中有影响力的个人，比如商协会会长、知名专家教授、头部企业负责人）									
垂直媒体渠道 （目标客户经常浏览的网站、公众号、视频号、纸媒）									
线下地推渠道 （线下最能高效触达目标用户的渠道，如商协会、线下社群、目标客户服务公司）									

续表

渠道类型	合作渠道	对接人员	渠道分析	合作方式	推进进展	负责人员	合作物料	匹配产品	备注
官方合作渠道（以公益项目切入，借助官方背书、站台，形成品牌合作渠道）									
战略合作渠道（与我方目标客户群相同或者相似的第三方公司，与其建立战略合作伙伴关系，共同开发目标客户）									

注意事项：

1. 与第三方渠道的合作一定要找到双方可以实现共赢的利益点，否则松散或者人情性质的合作，很难激励第三方投入资源、人员深度合作；

2. 与第三方渠道的合作要对渠道做评估和筛选，先多后少，尽量建立能够深度、长期、战略合作的第三方渠道；

3. 建议第三方渠道合作将 KOL 合作作为重点，并逐步搭建律所（律师团队）的“案源分销”机制。

8. C端客户案源开发

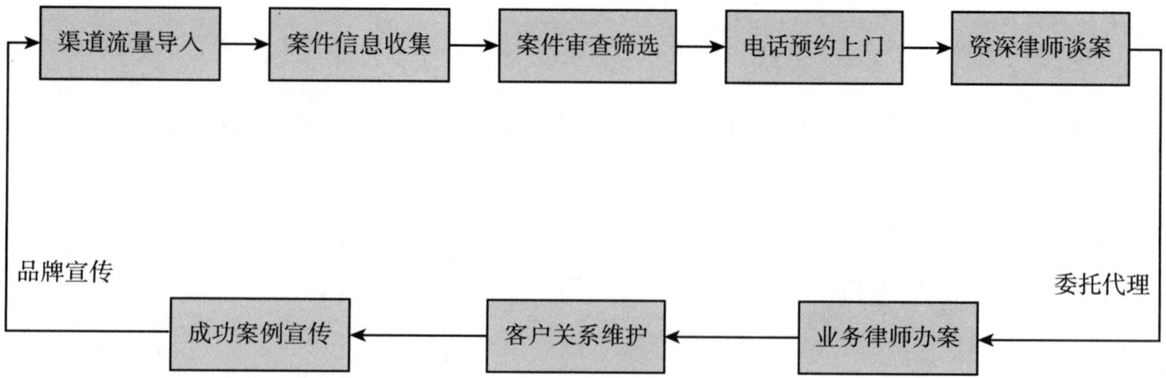
渠道流量导入
案件信息收集
案件审查筛选
电话预约上门
资深律师谈案
委托代理
业务律师办案
客户关系维护
成功案例宣传
品牌宣传

9. 重点企业信息卡（大客户）

企业客户信息卡（内部资料）				
企业基础信息	企业名称		关联企业情况	
	法定代表人/负责人		有效联系电话	
	股东情况说明		实际控制人员	
	企业实际办公场所			
	企业管辖法院说明			
企业决策体系	决策签字人员		决策关注点	
	决策参与人员			
	决策咨询专家			
	决策执行人员			
企业涉诉信息	涉诉案件链接		涉诉案件分析意见	
	涉诉案件链接		涉诉案件分析意见	
	涉诉案件链接		涉诉案件分析意见	

续表

<table>
<tr><td colspan="7">企业客户信息卡
（内部资料）</td></tr>
<tr><td colspan="2" rowspan="3">企业对接情况</td><td colspan="2">对接负责人</td><td colspan="3"></td></tr>
<tr><td colspan="2">内部支持人</td><td colspan="3"></td></tr>
<tr><td colspan="2">内部反对人</td><td colspan="3"></td></tr>
<tr><td colspan="2" rowspan="4">法律服务信息记录</td><td colspan="2">法律咨询记录</td><td colspan="3"></td></tr>
<tr><td colspan="2">活动参与记录</td><td colspan="3"></td></tr>
<tr><td colspan="2">上门拜访记录</td><td colspan="3"></td></tr>
<tr><td colspan="2">诉讼案件委托记录</td><td colspan="3"></td></tr>
<tr><td rowspan="8">企业商务信息调查</td><td rowspan="4">部门划分及 KPI 指标</td><td></td><td></td><td rowspan="4">外部合作商名册
及合作项目</td><td></td><td></td></tr>
<tr><td></td><td></td><td></td><td></td></tr>
<tr><td></td><td></td><td></td><td></td></tr>
<tr><td></td><td></td><td></td><td></td></tr>
<tr><td rowspan="4">企业重点项目评估</td><td colspan="2"></td><td rowspan="4">企业重点竞争
对手名册</td><td></td><td></td></tr>
<tr><td colspan="2"></td><td></td><td></td></tr>
<tr><td colspan="2"></td><td></td><td></td></tr>
<tr><td colspan="2"></td><td></td><td></td></tr>
</table>

续表

企业客户信息卡（内部资料）	
企业商业模式梳理	
企业盈利模式梳理	
企业发展规划研究	
企业法律需求洞察	

10. 一页纸案源开发战略规划

1. 本规划来自《绝对成交：一页纸营销计划》，在原有一页纸营销计划的基础上结合律师行业的场景作出创新调整；

2. 本规划用于律所、律师团队从战略层面做案源开发的框架梳理，并以此建立年度案源开发行动规划；

3. 本规划为系统性案源开发规划，从目标客户、跟进客户、付费客户三个阶段入手，贯穿客户开发的全部流程，需要注意各个板块之间的关联性，并做好板块相应的人员、资源配置以及进度安排，形成适合自己律所、律师团队的案源实战打法。

	1. 我的目标客户是谁（客户研究）		2. 我向目标客户传达的信息（选择理由）				3. 用来接触目标客户的渠道（获客媒介）	
前期目标客户	客户画像		客户选择理由（卖点）		引流产品		自有渠道	
	场景任务				利润产品			
	客户心智				增值产品		第三方渠道	
	选择模式							

续表

进行时跟进客户	4. 目标客户如何获取		5. 案源线索如何发掘		6. 业务机会如何跟进	
	接触	认知	关注	体验	洽谈	委托
	获取目标客户（引导客户加微信）	私域流量运营（建立客户信任关系）	客户管理系统（发掘客户案源线索）	引流产品体验（建立客户委托基础）	业务机会跟进（业务机会点管理）	谈案签约技巧（解决方案式营销）
后期付费客户	7. 如何用法律服务帮助客户成功		8. 如何建立客户伙伴关系，提高客户终身价值		9. 如何有效搭建有效的客户社群	
	业务流程		合伙人商务助理		客户商务中心	
	交付成果		大客户服务中心		行业服务中心	
	承办律师		法律产品研发中心			
	资源配置					